하나님과 날아오르는 연습

당신이 하나님을 더 깊이 알아 가고 더 널리 알리는 사람이 되는 것, 이 책에 담겨진 예수전도단의 마음입니다. 말씀을 통해 저자가 깨닫고, 원고를 통해 저희가 누릴 수 있었던 그 감동이 책을 통해 당신에게도 전해지기 원합니다. 그리고 당신을 통해 그 기쁨과 은혜가 더 많은 이들에게 계속해서 흘러가기를 기도하겠습니다. 이 책을 통해 당신이 받은 은혜를 다른 분들에게도 나눠 주십시오. 사랑하고 축복합니다.

ⓒ 김형준, 석용욱 2013

본 저작물의 한국어판 저작권은 도서출판 예수전도단에 있습니다.
저작권법에 의해 보호받는 저작물이므로 무단 전재와 복제를 금합니다.

하나님과 날아오르는 연습

글   김형준
그림   석용욱

2013년 6월 1일 1판 1쇄 펴냄
2025년 7월 16일 1판 4쇄 펴냄

펴낸곳   도서출판 예수전도단
출판 등록   1989년 2월 24일(제2-761호)
주소   서울특별시 관악구 신림로7나길 14
전화   02-6933-9981 · **팩스** 02-6933-9989
이메일   ywam_publishing@ywam.co.kr
홈페이지   www.ywampubl.com

ISBN 978-89-5536-426-2

책값은 뒤표지에 있습니다.
잘못된 책은 바꾸어 드립니다.

하나님과 뛰어오르는 연습

인생의 위기 앞에서 용수철처럼 튀어 오르다

글 김형준 | 그림 석용욱

예수전도단

저자 서문
김형준

위기를 좋아하거나 즐기는 사람은 없습니다.
위기는 내가 만들어 내는 것이기도 하고, 다른 사람이나 상황에 의해서 나의 삶에 다가오는 것이기도 합니다. 그런데 위기를 어떻게 맞이하고 받아들이느냐에 따라서 삶의 방향과 질이 결정되기도 합니다.

그래서 위기의 순간에 가장 필요한 것은 지혜입니다. 일어난 일을 바꿀 수는 없지만, 그것을 어떻게 받아들이고 해결해 나가느냐에 따라 미래가 결정되기 때문입니다.

돌아보면, 우리는 이 위(위험한)기(기회)를 통해 인생을 배워 왔고 성장해 왔습니다. 그럼에도 후회가 남는 것은 이 위기를 만났을 때 있었어야 했을 지혜의 결핍이 남긴 자국이 오늘 나의 삶에 아픔으로 남아 있기 때문입니다.

위기의 상황을 맞이할 때에는 많은 생각을 할 수 없습니다. 멀리 볼 수도 없습니다. 오랫동안 머물러서 생각할 시간도 없습니다.

그래서 한눈에 볼 수 있는 그림과 짧은 글로 지혜를 나누고자 합니다. 여러분을 돕기 위해 석용욱 형제님과 또다시 만났습니다. 그림을 통해 전달되는 영적인 통찰력이 얼마나 소중하고 필요한 것인가를 석용욱 형제님을 통해 많이 배웠습니다.

또한 예수전도단 형제자매님들에게 사랑과 헌신의 빚을 졌습니다. 이창기 목사님, 홍지욱 팀장님, 그리고 알게 모르게 섬기는 스텝들의 기도와 열정이 아니었다면, 이 열매는 없었을 것입니다.

《하나님께 돌아오는 연습》,《하나님의 때를 선택하는 연습》과 더불어 우리 모두 주님의 풍성함을 삶 가운데 함께 누렸으면 하는 기도를 드려 봅니다.

with love & heart
김형준 드림

저자 서문
석용욱

"바짝 엎드려 살아가거라 꼿꼿이 다니다 넘어질 일 없도록."

이는 여러 곳을 돌아다니며 사역하는 제게 어머니가 정기적으로 보내 주시는 카톡 메시지 내용입니다. 이 메시지는 문자 그대로 아무 데서나 굽실거리며 비굴하게 고개 숙이고 살라는 의미가 결코 아닙니다. 이 메시지의 진정한 의미는 어떤 상황에서든 하나님을 대하듯 겸손히 타인을 대하고 항상 나보다 남을 낫게 여기면 관계 안에서 벌어지는 크고 작은 시시비비에서 자유로워질 것이라는, 저와 같은 어린아이는 감히 흉내를 낼 수조차 없는 어머니의 연륜에서 나온 지혜입니다.

지난 몇 년을 돌아보면 정말 그랬습니다. 위기란 녀석은 어느 날 느닷없이 닥쳐오는 듯 보였으나, 실은 제 주변 가까이 맴돌며 제가 높아지기만을 기다리고 있었습니다. 콧대가 높아지고 목이 꼿꼿해질수록 놈은 한 걸음씩 더 다가왔습니다. 매우 가까이 다가왔을 때 주변 동료들이 경고해 주었지만, 저는 듣지 않았습니다.

결국 '듣지 않는' 수준을 넘어 '들리지 않는' 수준이 되었을 무렵, 녀석은 저를 덮쳤고 제 모든 것을 빼앗아 갔습니다. 비전도, 사역도, 사람들도···.

아픔과 원망, 불평이 사그라질 때 즈음 정신을 차려 보니, 깨달아지는 게 하나 있었습니다. 사실은 위기가 나를 덮친 것이 아니라 내가 위기를 끌어들인 것이었음을 말입니다. 위기는 이미 내 안에서부터 시작되고 있었던 것이기 때문입니다.

철모르던 시절에는 나이 든 어머니의 충고가 잔소리 같았는데, 위기님(?)의 방문 덕에 이제야 그 한마디가 귀에 들어옵니다. 그리고 가슴에 새겨집니다.

다시는 넘어질 일 없이 완벽하고 안전하게 살아갈 수 있을 리야 없겠지만, 여전히 넘어지겠지만, 이 말을 가슴에 계속 새겨 두면 넘어져도 훌훌 털고 다시 일어날 수 있을 것 같습니다. 늘 가장 낮은 자세로 살아가셨던 '예수님'처럼 말입니다.

이번에도 존경하는 김형준 목사님의 메시지를 그림으로 표현해 낼 수 있어서 참 행복했습니다. 연습 시리즈 세 편이 모두 제 영적 여정과 놀랍게 맞닿아 있었기에, '그리는 사람'이 아닌 '고백하는 사람'으로 서 있을 수 있었습니다. 정말 감사한 일입니다.

독자분들에게는 언제나 무한한 감사를 느낍니다. 돈과 시간을 투자하여 책을 사고 읽어 주시는 것이 이 일을 하는 사람들에게 얼마나 큰 격려가 되는지 모르겠습니다. 진심으로 감사를 드립니다.

아무쪼록 부족한 붓놀림과 연약한 고백들이 여러분의 영적 여정에 아주 조금의 도움이라도 될 수 있기를 소망합니다. 축복합니다.

석용욱 드림

목 차

저자 서문 _ 김형준 5

저자 서문 _ 석용욱 7

1부. 깡통처럼 찌부러질 것인가, 용수철처럼 튀어 오를 것인가
01 누구에게나 인생의 위기가 찾아온다 15
02 인생은 크고 작은 위기의 연속이다 18
03 믿고 의지하던 것이 산사태처럼 무너지다 21
04 예상하지 못한, 원하지 않던 것이 쓰나미처럼 덮쳐 오다 24
05 위기를 막을 수는 없지만, 위기에 어떻게 반응할지는 선택할 수 있다 27
06 위기에 대한 두 가지 반응 31
07 깡통처럼 찌부러지다 35
08 용수철처럼 튀어 오르다 39
09 위기는 기회다 43
10 위기 속에서도 일하시는 하나님 46

2부. 자기 탐색: 나는 깡통인가, 용수철인가
11 위기 앞에서 나는, 돋보기를 쓰고 문제를 과장해서 바라보지 않는가? 53
12 위기 앞에서 나는, 자기 통제력을 잃고 어린아이처럼 행동하지 않는가? 57
13 위기 앞에서 나는, 부정적이 되지 않는가? 61
14 위기 앞에서 나는, 그냥 도망쳐 버리지 않는가? 64
15 위기 앞에서 나는, 하나님과 다른 사람을 원망하지 않는가? 68
16 위기 앞에서 나는, 죽음을 생각하지 않는가? 72
17 위기 앞에서 나는, 하나님이 무조건 구해 주실 거라고 막무가내로 믿어 버리지 않는가? 76
18 위기 앞에서 나는, 하나님의 음성에 귀 기울이는가? 80
19 위기 앞에서 나는, 기다릴 줄 아는가? 84
20 위기 앞에서 나는, 더 넓은 관점에서 바라볼 수 있는가? 87

3부. 위기에도 튀어 오르는 첫 번째 용수철, 건강한 영성
21 하나님을 아는 것이 힘이다 95
22 하나님을 우리 삶의 실재로 인정하라 99
23 인간의 이성과 합리성에 갇히지 마라 102
24 오직 주님만이 우리의 힘이 되심을 고백하라 105
25 지금까지 지내 온 모든 것이 전적인 하나님의 은혜임을 인정하라 109
26 하나님을 바라볼 때 궤도가 수정되기 시작한다 112
27 혼란 속에서도 하나님만 따라가라 116
28 목자이신 하나님을 신뢰하라 121
29 하나님이 모든 것을 다스리심을 믿으라 125
30 위기를 통해 하나님을 더 깊이 알게 될 것을 기대하라 130

4부. 위기에도 튀어 오르는 두 번째 용수철, 건강한 자아상
31 나를 사랑하는 것이 힘이다 137
32 자기 자신과 직면하라 142
33 자기 자신을 있는 그대로 인정하라 146
34 옛사람을 십자가에 못 박으라 149
35 과거를 바라보는 안경을 바꾸라 153
36 Here&Now를 사랑하라 157
37 미래를 밝은색으로 칠하라 160
38 천천히 가도, 잠깐 쉬었다 가도 괜찮다 164
39 자신의 감정을 이해하라 168
40 내가 누구인지 기억하라 171

5부. 위기에도 튀어 오르는 세 번째 용수철, 건강한 관계

41 다른 이들과 함께 살아가는 것이 힘이 든다 179
42 위기 앞에서 함께 싸워 주는 공동체의 힘 184
43 위기 체험을 나누면 힘이 된다 188
44 공동체 안의 성숙한 이들이 힘이 된다 192
45 남을 섬길 때 새 힘을 얻는다 196
46 함께 기도하라 201
47 다른 사람의 마음에 공명하라 206
48 말하기 전에 먼저 들으라 212
49 거절받아도 사랑하기로 결정하라 215
50 위기를 극복한 것이 아니라, 관계 그 자체로 말미암아 기뻐하라 219

6부. 위기 앞에서 용수철처럼 튀어 오르는 연습: 워크샵

51 두려움과 함께 살아가는 연습 224
52 위기에 대한 건강한 반응을 선택하는 연습 229
53 위기 앞에서 도망치지 않는 연습 232
54 더 넓은 관점에서 상황을 바라보는 연습 235
55 이성과 합리성에 갇히지 않는 연습 238
56 하나님을 바라보며 궤도를 수정하는 연습 241
57 자신을 있는 그대로 인정하는 연습 244
58 미래를 밝은색으로 칠하는 연습 248
59 다른 사람과 함께 변화하는 연습 252
60 늘 하나님 앞에 머무는 연습 257

Part.001
깡통처럼 찌부러질 것인가, 용수철처럼 튀어 오를 것인가

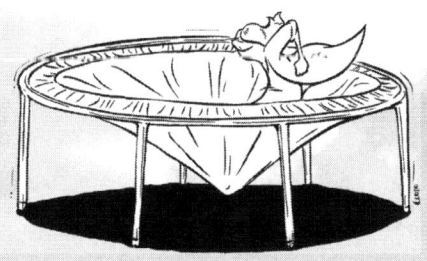

누구에게나
인생의 위기가 찾아온다 01

때로 아이들은 보호자가 통제하기 어려울 정도로 울고불고 난리를 칠 때가 있습니다. 아니, 울기만 하면 그나마 낫지요. 자리에 드러눕거나 벽에 머리를 들이받기까지 하면 정말 대책이 없습니다. 그런데 아이들이 이런 식으로 행동하는 이유는 대부분 '자기 마음대로 되지 않는' 데 있습니다. 원하는 대로 하고 싶은데 그렇게 되지 않으니까 울음을 터뜨리며 떼를 쓰는 것이지요.

    살다 보면 누구나 위기를 맞게 된다고 합니다. 여러분은 그 이유가 무엇인지 생각해 본 적이 있으신가요? 우리는 실패하거나 병에 걸리거나 관계가 깨지거나 상처받거나 절망하게 될 때, 위기가 찾아왔다고 말합니다. 그런데 그 내용을 들여다보면, 모두 '내 뜻대로, 내 생각대로, 내 마음대로 되지 않는' 일이거나 다른 사람이나 집단, 사회 시스템이 '그들 마음대로' 우리를 좌지우지하는 바람에 벌어진 일일 때가 많습니다.

    인간은 자기 마음대로가 아니라 하나님의 마음을 따라 살도록 지어진 존재들입니다. 하지만 우리는 하나님이 아니라 자기의 뜻과 생각과 마음을 좇아 살고 싶어 합니다. 그 옛날 에덴동산 때부터 말입니다. 어쩌면 그것이 모든 인생에 위기가 닥치고, 그로 말미암아 고통과 아픔을 겪을 수밖에 없는 성경적 이유인지도 모르겠습니다. 그래서 모든 것을 자기 뜻과 생각과 마음대로 할 수 있었을 것 같은 '엄친아'이자 '축복남'인 솔로몬 왕도 이렇게 고백한 것이 아닐까요?

> 이러므로 내가 사는 것을 미워하였노니 이는 해 아래에서 하는 일이 내게 괴로움이요 모두 다 헛되어 바람을 잡으려는 것이기 때문이로다…사람이 해 아래에서 행하는 모든 수고와 마음에 애쓰는 것이 무슨 소득이 있으랴 일평생에 근심하며 수고하는 것이 슬픔뿐이라 그의 마음이 밤에도 쉬지 못하나니 이것도 헛되도다 전 2:17, 22-23

솔로몬은 모든 사람이 추구하는 지혜와 부와 명예와 권력을 가졌고, 그래서 뭐든 마음대로 할 수 있었던 사람입니다. 그런 그도 인생이 '괴로움과 근심과 슬픔뿐'이라고 말합니다. 자기 마음대로 살면 안 되는 인생을 자기 마음대로 살다가 얻게 된 안타까운 결론입니다.

인생의 위기는 남녀노소, 지위고하, 빈부귀천에 상관없이 누구에게나 찾아옵니다. 모두 삶이 자기 뜻대로 이루어지기를, 자기 마음대로 살기를 바라기 때문이며, 이는 하나님이 창조하신 바와 어긋납니다.

위기는 언제나 내 안에서부터 시작됩니다.

은밀하게, 그리고 아주 조금씩
굳어져 오던 마음이 내 발목을 붙잡는 순간,

난 넘어져 버릴 수밖에 없기 때문입니다…

인생은 크고 작은
위기의 연속이다 02

누구나 살다 보면 다양한 문제와 끊임없이 부딪히게 됩니다. 파산이나 질병, 사고, 사랑하는 이의 죽음, 전쟁, 자연재해 같은 큰 문제부터 일상에서 일어나는 짜증이나 말다툼, 실수처럼 사소한 문제까지 모두 극복해야 할 시련입니다. 이러한 크고 작은 문제들은 늘 엉겁결에 마주하게 되고, 우리는 늘 영문도 모른 채 그 속에 휩쓸리지요. 어쩌면 우리네 인생이란 여러 가지 도전과 역경을 하나씩 풀어 가는 과정인지도 모릅니다. 그렇다면 그 가운데 우리가 풀어 나가야 할 것은 무엇일까요?

아마 대부분은 문제의 원인을 찾고 싶어 할 것입니다. 이른바 '고난의 이유'라고 하는 것, 그것을 찾아야 문제를 해결할 수 있을 테니까요. 그래서 우리는 부모와 조상을 탓하고, 지도자를 비난하고, 제도와 시스템을 공격하며, 자기 자신을 원인 제공자로 여깁니다. 하지만 그럴수록 더 큰 절망과 혼란만 돌아올 뿐입니다. '답'을 찾는다고 문제를 해결할 수 있는 것이 아니니 그럴 수밖에요.

> 예수께서 길을 가실 때에 날 때부터 맹인 된 사람을 보신지라 제자들이 물어 이르되 랍비여 이 사람이 맹인으로 난 것이 누구의 죄로 인함이니이까 자기니이까 그의 부모니이까 예수

께서 대답하시되 이 사람이나 그 부모의 죄로 인한 것이 아니라 그에게서 하나님이 하시는 일을 나타내고자 하심이라 요 9:1-3

어느 '모태맹인'이 있었습니다. 제자들이 길을 가다 예수님께 물었습니다. "예수님, 저 사람은 왜 태어날 때부터 맹인이 된 겁니까? 너무 많은 죄를 지어서 그런 건가요? 아니면 그의 부모가 큰 죄를 지었기 때문입니까?"

제자들도 다양한 관점에서 고난의 이유를 찾고 있습니다. 하지만 답을 안다 한들 그들이 할 수 있는 것은 아무것도 없었습니다. 그런데 예수님이 이렇게 대답하십니다. "누군가의 죄 때문에 그렇게 된 것이 아니다. 하나님이 그를 통해 행하려는 바가 있으시기 때문에 그렇게 된 것이다."

예수님은 '이유'를 구하는 제자들의 질문에 '의미'로 대답하십니다. 그리고 기적을 베풀어, 모태맹인이었던 사람의 시력을 되찾게 하십니다. 끊임없이 찾아오는 인생의 문제 앞에서 우리가 진정으로 찾고 풀어야 할 것은 고난의 이유가 아니라 고난의 의미입니다. 우리는 "왜 무엇 때문에 이런 일이 생겼는가?"가 아니라 "이것이 내 인생에 무슨 의미가 있는가?"를 고민해야 합니다. 더 정확히 말하자면, "이 일을 통해 하나님은 무엇을 행하기 원하시는가?"를 물어야 합니다. 그럴 때 정신 차릴 겨를도 없이 고난의 강펀치를 연속으로 맞게 되어도, 자신의 인생 가운데 하나님이 행하실 일을 이해하고 기대했던 욥처럼 고백할 수 있을 것입니다.

그런데 내가 앞으로 가도 그가 아니 계시고 뒤로 가도 보이지 아니하며 그가 왼쪽에서 일하시나 내가 만날 수 없고 그가 오른쪽으로 돌이키시나 뵈올 수 없구나 그러나 내가 가는 길을 그가 아시나니 그가 나를 단련하신 후에는 내가 순금같이 되어 나오리라 욥 23:8-10

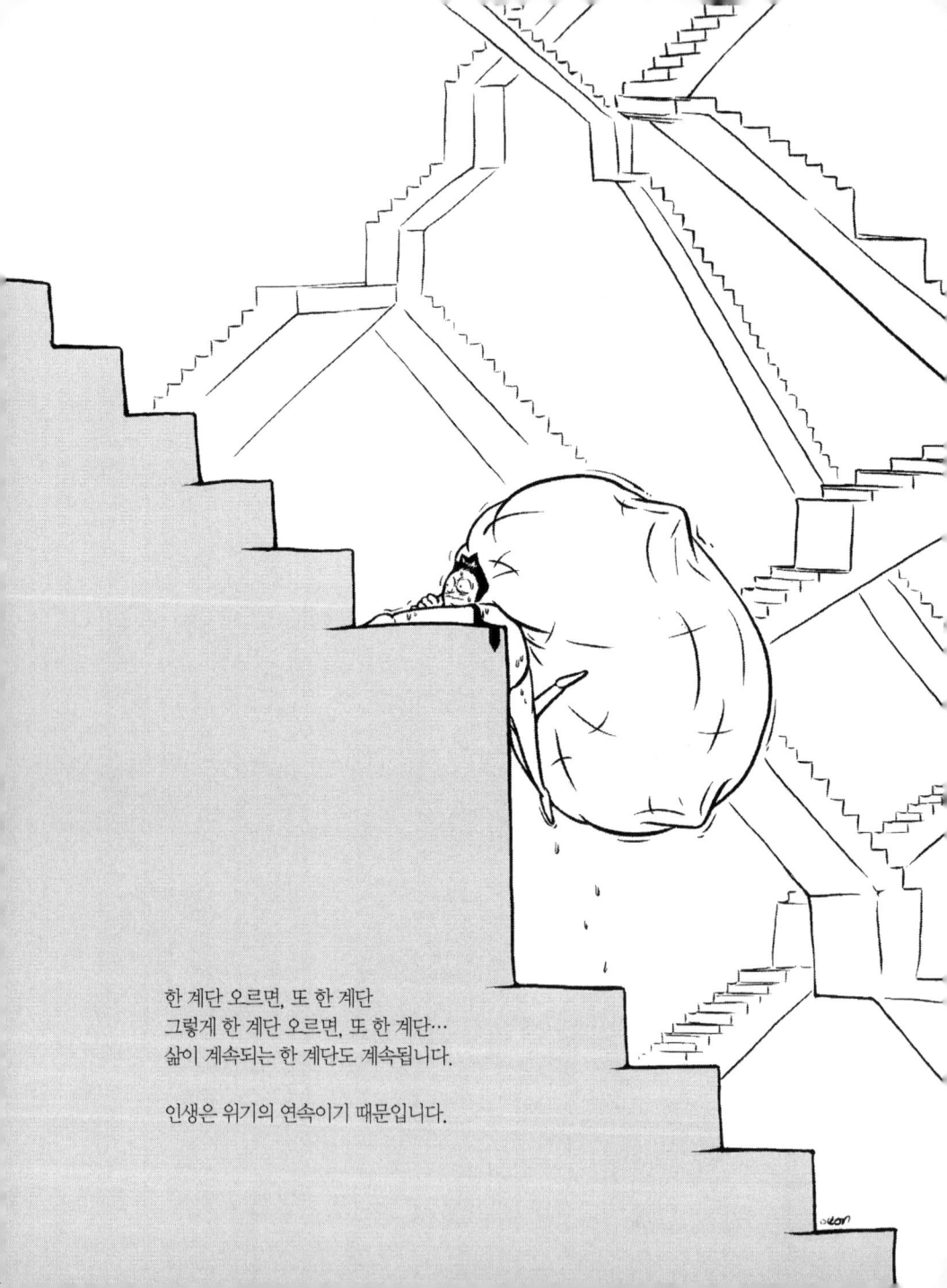

믿고 의지하던 것이
산사태처럼 무너지다 [03]

갑작스러운 기상이변과 가공할 규모의 자연재해가 지구촌을 위협하고 있습니다. 장마철에는 더 많은 비가 집중적으로 쏟아지고, 강력한 태풍들이 많이 나타납니다. 이럴 때 하늘을 가르며 나타나 겁을 주는 현상이 바로 번개입니다.

    번개는 물체의 마찰력으로 발생하는 정전기인 '전하'(電荷)가 많은 곳으로 떨어집니다. 갑자기 번개가 치면, 당황해하며 주변의 나무 밑으로 숨는 사람들이 있습니다. 나무는 전기가 흐르지 않는 부도체인 데다가 하늘에서 떨어지는 번개를 막아 줄 수 있으리라 생각해서 그러는 모양입니다만, 번개가 칠 때 나무 밑에 숨으면 오히려 번개를 직통으로 맞을 확률이 몇 배 높아진다고 합니다. 바로 나무 속에 있는 수액 때문입니다. 번개가 칠 때 수액으로 가득 찬 나무 밑에 있는 것은 물을 가득 채워 놓은 풀장에 들어가는 것만큼이나 위험한 일이라고 합니다. 오히려 그보다는 훨씬 더 번개에 취약할 것 같아 보이는 자동차나 비행기가 더 안전하다고 합니다. 번개를 표면으로 흘려보내기 때문이지요. 인생의 위기도 이렇게 전혀 예상하지 못한, 안전할 것이라고 마음을 놓은 쪽에서 찾아올 때가 있습니다.

예수님의 제자들이 한밤중에 배를 타고 갈릴리 바다를 건너고 있었습니다. 예수님은 기도하러 다른 곳에 가셔서 함께 계시지 않았지만, 제자들은 아무런 걱정도 근심도 없이 노를 젓고 있었습니다. 제자들 대부분 바다에서 배를 몰며 물고기를 잡던 어부 출신이었고, 갈릴리 바다는 그들이 태어나 자라고 먹고살았던 고향이자 삶의 터전이었기 때문입니다. 그런데 그로부터 얼마 후 성경은 그들이 바로 그 갈릴리 바다에서 공포에 질려 두려워하고 경악하며 부르짖는 장면을 보여 줍니다.

> 배가 이미 육지에서 수 리나 떠나서 바람이 거스르므로 물결로 말미암아 고난을 당하더라 밤 사경에 예수께서 바다 위로 걸어서 제자들에게 오시니 제자들이 그가 바다 위로 걸어오심을 보고 놀라 유령이라 하며 무서워하여 소리 지르거늘 마 14:24-26

어부로 살면서 거칠고 힘든 태풍을 이미 수없이 맞닥뜨렸을 사람들이 그동안 가장 믿었고 자신 있어 했던 장소와 상황과 환경에서 이성을 잃고 두려움에 빠집니다. 늘 배를 몰았고 비바람이 몰아칠 때 능숙하게 피할 줄 알았던 제자들도 그들의 통제력을 뛰어넘는 바다의 난동 앞에 속수무책으로 당할 뿐입니다.

인생의 위기도 이런 식으로 찾아올 때가 많습니다. 우리는 재산이 나를 지켜 줄 거라 생각합니다. 권력이 힘이 되어 줄 거라 믿습니다. 끄떡없는 건강과 평생 쌓아 온 지식, 신뢰로 뭉친 인간관계가 버팀목이 되어 줄 거라 생각합니다. 이런 것들 덕분에 자신의 인생이 안전하고 평안할 거라 믿어 의심치 않습니다.

그러나 인생의 태풍 한 번에 우리는 하나님이 아닌 이 모든 게 아무것도 아니었음을 깨닫습니다. 하나님만큼, 아니 어쩌면 하나님보다 더 믿고 의지했던 것들이 아무

소용없었음을 한순간에 깨닫습니다. 믿었던 것들 때문에 오히려 어려움에 부닥치고 곤경에 빠지며, 인생에 적신호가 들어왔음을 보게 되는 것입니다.

마지막까지 포기할 수 없었던 '내 자존심'도
위기의 쓰나미 앞에서는 무용지물이었습니다…

예상하지 못한, 원하지 않던 것이
쓰나미처럼 덮쳐 오다 04

드림웍스의 만화영화 〈이집트 왕자〉(The prince of Egypt)는 사백 년이 넘도록 노예로 붙잡혀 살던 이스라엘 백성이 모세를 지도자 삼아 이집트를 탈출하는 이야기를 다루고 있습니다. 대대로 두려워하며 섬겨 온 이집트인 상전을 떠나기란 쉽지 않았지만, 열 가지의 초자연적인 재앙과 홍해가 갈라진 바다를 건너는 놀라운 기적이 있었기에 가능한 일이었습니다.

그러나 난생처음 맛보는 자유의 기쁨도 잠시뿐, 얼마 지나지 않아 그들은 미처 예상하지 못했던 난관에 봉착하고 맙니다. 그것은 그들이 가장 민감하게 생각하는 문제이자 가장 두려워하는 일이었습니다. 평생 주인의 손을 빌어 살아온 노예들이 아무것도 없는 광야에서 자신들의 힘으로 의식주를 해결해야 하는 상황에 처한 것입니다. 집은커녕, 마실 물이나 먹을 음식도 없습니다. 그래서 이스라엘 백성은 식량과 식수 문제가 생길 때마다 극도로 날카로워져서 모세와 큰 갈등을 빚었습니다.

그럴 때마다 하나님은 기적을 베푸셔서, 먹고 마시는 문제를 해결해 주십니다. 그럼에도 이스라엘 백성은 예상치 못했던 문제와 원하지 않는 위기 속에서 바닥을 드러내고 맙니다. 가장 기본적인 것, 그들의 출애굽 여정의 기초가 되는 믿음의 진면목이 드러난 것입니다. 이스라엘 백성은 하나님을 의심하고 있었습니다.

> 그가 그곳 이름을 맛사 또는 므리바라 불렀으니 이는 이스라엘 자손이 다투었음이요 또는 그들이 여호와를 시험하여 이르기를 여호와께서 우리 중에 계신가 안 계신가 하였음이더라
> 출 17:7

쓰나미처럼 몰려오는 인생의 위기는 우리를 철저하게 발가벗깁니다. 고통과 두려움 앞에서 그동안 자신이 믿었으며 알았고 그렇게 살고 있다고 여겼던 것들이 '진짜배기'였는지, 아니면 믿는다 치고 안다 치고 살아왔던 것인지가 모조리 드러납니다. 하나님에 대한 믿음이든, 자기 자신에 대한 믿음이든, 세상의 어떤 가치와 사상에 대한 믿음이든 인생의 위기라는 용광로 속에서 비로소 그 진위와 순도가 밝혀질 것입니다. 자신이 '지금 나는 어디에 서 있으며 무엇을 따라가고 있는가'에 대한 착각과 자기기만에 빠져 있었음을 보게 될 것입니다.

그 잘난 자존심마저도
쓰나미에 실어 보냈습니다.

그제야 난 물 위로
떠오를 수 있었습니다.

위기를 막을 수는 없지만, 위기에 어떻게 반응할지는 선택할 수 있다 05

흔히 물이 반쯤 채워진 컵을 보고 어떻게 반응하느냐에 따라 긍정적인 사람인지, 부정적인 사람인지 판단할 수 있다고 말합니다. 대상은 똑같지만, 바라보는 관점과 해석에 따라 그것이 달리 보이는 것이지요. 이러한 반응은 철저히 각자의 선택에 달려 있습니다. 눈앞의 물 잔에 '절반이나 담긴' 또는 '절반밖에 남지 않은' 중에서 어떤 수식어를 붙일 것인지 결정하는 것이 바로 나 자신이라는 말입니다.

긍정과 부정의 영어 어원을 따져 봐도 그런 것 같습니다. '긍정'으로 번역되는 Positive는 '자세'(pose)라는 의미의 'pos'에 'it'과 접미사 'ive'를 결합한 단어입니다. 즉, 긍정적이란 자신이 원하는 쪽으로, 혹은 자신이 원하는 모습의 자세(pose)를 취하는 것이라는 뜻입니다. 반대로 '부정'으로 번역되는 Negation은 'no 혹은 not'의 의미를 갖는 'neg'와 'at'과 접미사 'ion'이 결합한 단어입니다. 그렇다면 부정적이란 이렇다 저렇다 할 자신의 의견이나 생각, 판단이 전혀 없다는 뜻으로 볼 수 있지 않을까요? 말하자면, 부정적인 사람, 즉 자신의 의견이 없는 사람은 상황이나 환경, 다른 사람들의 반응에 휩쓸려 갈 수밖에 없다는 말이 됩니다.

성경에도 같은 상황에서 정반대로 행동한 사람들의 이야기가 자주 등장합니다. 돌팔매로 거인 골리앗을 쓰러뜨렸던 다윗 왕은 부하 장수를 죽이고 그의 아내를 빼앗은 것 때문에 선지자에게 책망을 듣습니다. 이때 다윗은 충분히 왕의 권위를 내세워 자신의 죄를 숨기고 잘못을 고발하는 사람을 제거할 수 있었습니다. 그러나 다윗은 자기 자신을 변호하고 방어하기보다는 철저히 회개하며 엎드리는 쪽을 선택합니다.

> 다윗이 나단에게 이르되 내가 여호와께 죄를 범하였노라 하매 … 삼하 12:13

한편 이스라엘의 초대 왕이었던 사울은 적을 모두 진멸하라는 하나님의 명령에 순종하지 않고 적국의 왕과 귀한 전리품을 남겨 놓고 말았습니다. 이 사실을 알아챈 선지자가 크게 책망했지만, 사울은 오로지 왕으로서의 위엄이 깎이는 것만 신경 쓸 뿐이었습니다.

> 사울이 이르되 내가 범죄하였을지라도 이제 청하옵나니 내 백성의 장로들 앞과 이스라엘 앞에서 나를 높이사 나와 함께 돌아가서 내가 당신의 하나님 여호와께 경배하게 하소서 하더라 삼상 15:30

똑같은 신분을 가진 두 사람은 똑같이 하나님 앞에서 죄를 짓고 똑같이 선지자의 책망을 받았지만, 이에 대한 두 사람의 반응은 매우 달랐습니다. 그리고 이 반응에 따른 결과 역시 하늘과 땅 차이로 달라지고 말았습니다.

인생의 위기 앞에서의 반응도 마찬가지입니다. 고난과 고통, 실패와 아픔의 사건은 누구도 되돌리거나 지울 수 없습니다. 하지만 거기에 어떻게 반응할 것인지는 우리 스스로 선택할 수 있습니다. 하늘이 무너지고 바다가 뒤집어지는 위기가 닥쳐와도 반드시 잊지 말아야 할 것이 바로 이것입니다. 위기에 어떻게 반응할 것인가에 대한 선택권은 언제나 자기 자신에게 있습니다.

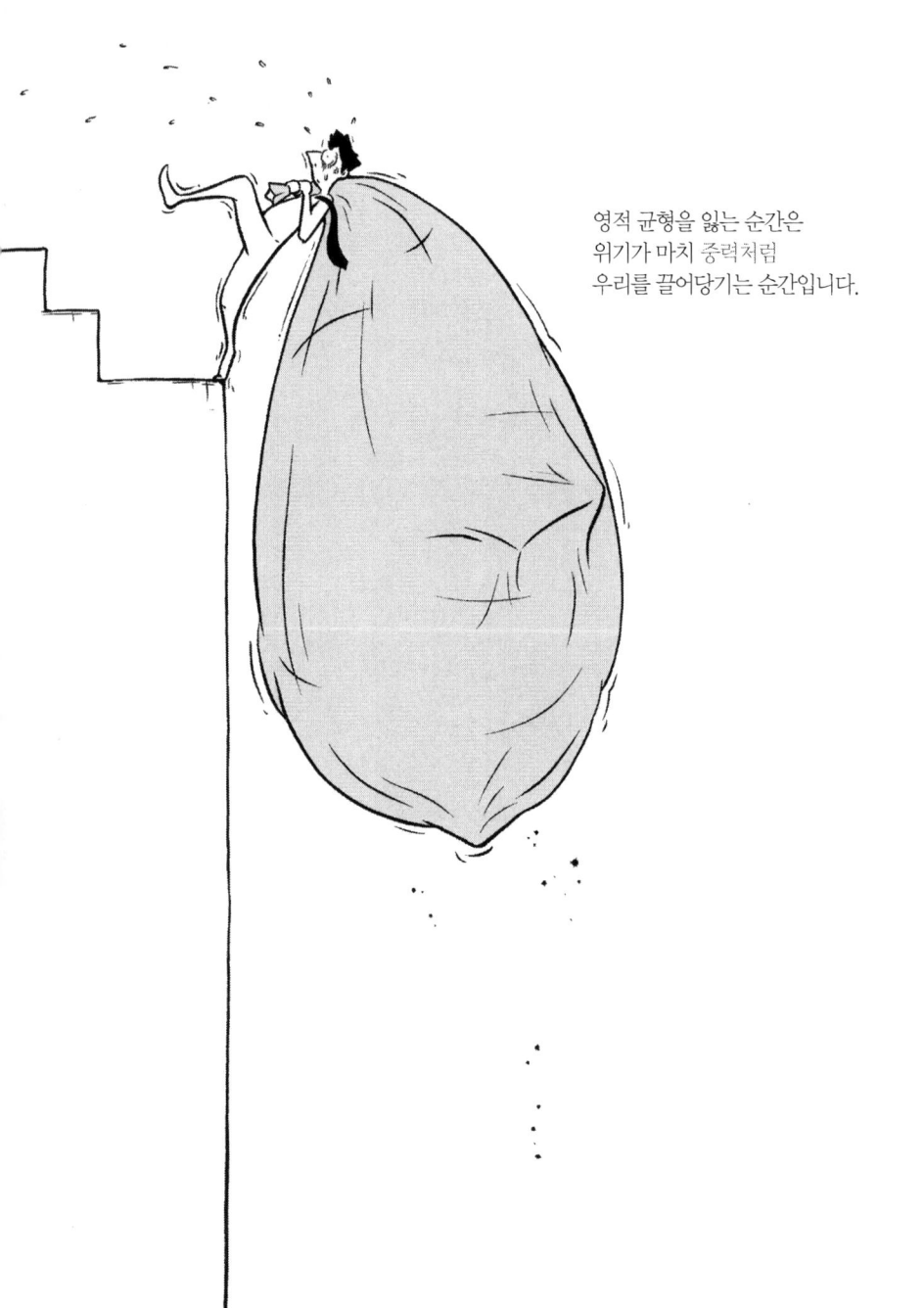

영적 균형을 잃는 순간은
위기가 마치 중력처럼
우리를 끌어당기는 순간입니다.

위기에 대한
두 가지 반응 06

1981년에 제작된 〈불의 전차〉(Chariots of Fire)라는 영화가 있습니다. 이 영화는 1924년 파리 올림픽 때 금메달이 유력한 100m 육상 경기 출전을 포기하여 여론의 맹공격을 받았던 에릭 리들(Eric Liddell)의 이야기를 다룹니다. 그가 출전을 포기했던 이유는 경기 날짜가 주일이라는 이유였지요. 하지만 에릭은 끝까지 자신의 의지를 굽히지 않았고, 결국 주 종목이 아닌 400m 경기에 출전하여 금메달을 목에 걸게 됩니다.

영화를 보면, 경주를 하던 에릭이 선두를 차지하려고 달리다가 그만 균형을 잃고 트랙 안쪽 잔디 위로 굴러 넘어지는 장면이 나옵니다. 이때 카메라는 고개를 들어 저만치 멀어지는 다른 경주자들의 모습을 응시하는 그의 얼굴을 클로즈업합니다. 이젠 다 끝났다는 실망과 낙담으로 얼굴이 일그러집니다. 하지만 에릭은 언제 그랬냐는 듯 곧바로 표정을 바꾸어 자리에서 일어나더니, 다른 선수들과 꽤 벌어진 격차는 아무런 상관없다는 듯 혼신의 힘을 다해 달리기 시작합니다. 그리고 놀랍게도 이 경기에서 우승을 차지합니다.

그런데 재미있게도 그로부터 60년 후인 1984년 LA 올림픽 여성 육상

1,000m 경기에서 이때와 똑같은 상황이 벌어집니다. 세계 정상을 놓고 끊임없이 경쟁해 온 두 라이벌 선수의 대결 덕분에, 그 경기는 이미 세간의 관심이 집중된 상태였습니다. 극도의 긴장감 속에서 선수들이 출발선에 섰습니다. 지난 시간 애쓰고 힘쓰며 훈련한 모든 것을 쏟아 부어야 할 시간이 시작되었음을 알려 주는 출발 신호가 떨어지자마자 모든 선수가 쏜살같이 1,000m를 내달리기 시작했습니다.

이때, 누구도 예상치 못한 이변이 일어납니다. 유력한 우승 후보로 거론되던 두 선수 중 한 사람이 선두를 차지하려고 나서다 발을 헛디뎌, 60년 전 에릭 리들이 그랬던 것처럼 트랙 안쪽 잔디 위로 굴러 넘어지고 만 것입니다. 이번에도 카메라는 인정사정없게도, 잔디 위를 뒹군 선수의 얼굴을 클로즈업해서 보여 줍니다. 벌써 저만치 달려가는 경쟁자들을 바라보는 그의 얼굴은 이루 말할 수 없는 당혹감으로 가득했습니다. 고통과 분노와 수치심, 패배감으로 뒤범벅된 모습이었습니다. 하지만 그는 에릭 리들처럼 다시 일어나 달려가지 않았습니다. **결국 그대로 경기를 포기하고 말았습니다.**

살다 보면 누구나 인생이라는 트랙을 달리다가 넘어져 버릴 때가 있습니다. 그럴 때 우리는 에릭 리들처럼 계속해서 달려 나갈지, LA 올림픽 때의 선수처럼 포기할지 선택하는 갈림길에 서게 됩니다. 뒤처졌더라도 **툭툭 털고 일어나 힘을 내어 다시 달려갈 것인지, 그대로 잔디에 주저앉아 억울해하며 신세를 한탄할 것인지는** 우리에게 달려 있습니다. 우리는 과연 어느 쪽을 선택해야 할까요?

성경은 이렇게 충고합니다.

범사에 헤아려 좋은 것을 취하고 살전 5:21

아무리 큰 위기라 할지라도 현명하게 살펴서 그 안에 숨어 있는 '좋은 점'을 풀어내면(설령 그것이 딱 하나뿐이거나 아주 미미한 것이라 해도), 힘과 용기를 주는 추억이 됩니다. 그러나 위기 자체만을 놓고 보게 되면, 평생 쓰라린 고통과 아픔을 주는 마음의 흉터만 남길 수 있습니다. 지금까지 여러분은 어느 쪽을 선택하며 살아왔습니까?

깡통처럼 찌부러지다 [07]

새찬송가 585장 "내 주는 강한 성이요"는 종교개혁가 마틴 루터가 지은 곡입니다. 이 노래는 루터가 종교개혁을 이루기 위해 애쓰다가 지칠 때면 묵상하며 힘을 얻었다는 시편 46편을 모티브로 하고 있습니다.

> 하나님은 우리의 피난처시요 힘이시니 환난 중에 만날 큰 도움이시라 그러므로 땅이 변하든지 산이 흔들려 바다 가운데에 빠지든지 바닷물이 솟아나고 뛰놀든지 그것이 넘침으로 산이 흔들릴지라도 우리는 두려워하지 아니하리로다(셀라) 시 46:1-3

시편 46편은 지진과 산사태, 쓰나미처럼 인간의 힘으로 어떻게 해볼 도리가 없는 위기 속에서도 요동하지 않는 견고한 믿음을 노래합니다. 그런데 이 시편에도 배경이 되는 사건이 있습니다. 바로 앗수르 제국의 군대가 유다 예루살렘 성을 공격한 일입니다.

이스라엘은 BC 930년경에 둘로 갈라져 각각 북이스라엘과 남유다라는 별개의 나라가 되었습니다. 그 후로 여러 왕을 거치면서 두 나라는 정도와 시기의 차이만 있었을 뿐, 모두 멸망의 길을 선택하고 말았습니다. 그런 남유다에도 간혹 하나님의 뜻을 따르려는 선한 왕들이 있었는데, 그중에서 가장 유명한 사람이 바로 히스기야입니다.

히스기야에게 어느 날 엄청난 인생의 위기가 닥쳐옵니다. 잔인하기 이를 데 없는 앗수르 제국의 산헤립 왕이 18만 5천 명의 대군을 이끌고 남유다의 수도 예루살렘을 공격해 온 것입니다(왕하 19장). 바람 앞의 등불처럼 위태로운 상황이었습니다. 시편 46편은 바로 이 사건을 배경으로, 나라 전체가 흔들리고 망할 위기에 처했음을 표현한 시입니다. 과연 이런 상황에서 히스기야 왕은 어떤 반응을 선택했을까요?

그가 시편 46편과 마틴 루터의 찬송가 내용처럼 견고한 믿음으로 반응했으리라 생각하십니까? 하지만 그는 우리의 예상을 철저히 뒤집습니다. 예루살렘 성의 은과 금은 물론 성전 문의 금과 기둥의 금까지 벗겨 앗수르 왕에게 바치는 대반전을 보여 준 것입니다.

히스기야는 여호와께서 보시기에 정직히 행하며 모든 산당을 제거하고, 스물다섯의 젊은 나이에도 불구하고 아무도 없애지 못했던 놋뱀 우상까지 깨뜨린 담대한 사람이었습니다(왕하 18장). 자신의 아버지 아하스 왕의 악한 습관을 과감하게 내버린 사람입니다. 이스라엘과 유다를 통치했던 마흔두 명의 왕 중에서 다윗과 함께 '하나님의 마음에 합했다'는 평가를 받은 유일한 사람입니다. 늘 하나님을 사랑하고 그분의 말씀을 따라 살았기에 '다시는 그런 사람이 없을 것이다'라는 평가까지 받은 왕이었습니다. 그런 사람이 성전의 금까지 뜯어다 뇌물로 바치고 있습니다. 겁쟁이가 되어 버렸습니다. 비겁자가 된 것입니다.

그래도 앗수르 왕이 물러가지 않자 히스기야는 애굽에 도움을 청합니다. 하지만 그마저 수포로 돌아갑니다. 북이스라엘이 앗수르에게 점령당했을 때는 끝까지 하나님만 의지하겠다며 담대함을 뽐내던 그였지만, 막상 앗수르의 칼날 앞에 서 보니 **두려움에 압도되어 한순간에 무너지고 말았습니다.**

감당하기 어려운 인생의 위기 앞에서 사람들은 히스기야와 같은 반응을 선택합니다. 깡통이 찌부러지듯 한순간에 주저앉고 무너져 버립니다. 그러고는 다시 일어서지 못합니다. 내면의 회복과 재생이 일어나지 않는 것입니다. 쉽게 상처를 받으며, 한 번 절망에 빠지면 헤어나지 못합니다. 평소에는 믿음이 좋은 것처럼 보이지만, 그럴 때면 믿음도 기도도 자취를 감춥니다. 위기를 모면해 보겠다고 하나님을 찾는 대신 온갖 인간적인 방법을 시도합니다.

여러분은 어떻습니까? 너무 쉽게 실망하고 너무 쉽게 낙담하지 않습니까? 실패를 경험한 뒤에 다시 시작하기가 남들보다 더 어렵지 않습니까? 사건이나 상황, 환경의 압박이 조금만 더 가해져도 불안하고 초조해하며 자기 스스로 포기하고 너무 빨리 주저앉지는 않습니까? 만약 그렇다면 인생의 위기 앞에서 알루미늄 깡통처럼 반응하고 있는 것입니다.

또 수치를 당할까 두려웠습니다.
그래서 다시는 시도하지 않기로 굳게 마음먹었습니다.

마음이 많이 위축되어,
마치 깡통처럼 찌부러져 버린 것입니다.

용수철처럼
튀어 오르다 08

 어니스트 헨리 섀클턴(Ernest Henry Shackleton)은 19세기 말부터 20세기 초까지 활동한 영국의 남극 탐험가입니다. 사실 그는 신체적인 조건이나 명성, 경력 등 어느 면에서도 딱히 내세울 것이 없는 평범한 사람이었습니다. 그럼에도 그는 역사상 가장 위대한 리더, '신이 내린' 리더라며 극찬을 받았습니다. **도대체 그 이유가 무엇이었을까요?**

 1907년부터 남극 탐험을 시작한 섀클턴은 1909년 당시 인류가 도달할 수 있었던 최남단에 도달했고, 여러 가지 학술적으로 중요한 작업들도 수행했습니다. 그러던 1914년에 인듀어런스 호를 타고 남극을 탐험하던 섀클턴과 그의 대원들은 목적지에서 150km 떨어진 곳에서 거대한 빙산을 만나게 되고, 배가 그만 파선하여 남극 바다에서 조난을 당하고 맙니다. 이때부터 그들은 살아남기 위한 극한의 사투를 벌이게 됩니다.

 섀클턴은 함께하는 사람들이 낙심하여 깊은 절망과 무기력함에 빠지지 않도록 생활환경을 개선하고 각자 맡은 일에 정진하게 하며 오락거리를 계발하는 데 주력합니다. 이 모든 것은 한 사람의 낙오자 없이 모두 무사히 돌아갈 수 있으리라는 그의 깊은 믿음에서 나온 것이었습니다. 거의 2년 동안이나 남극의 혹독한 추위에 맞서야 했지만, 결국 그들은 섀클턴의 믿음대로 모두 구조되어 조국과 가족의 품으로 무사히 돌아올 수 있었습니다.

언론과 역사가들은 인듀어런스 호의 대원들이 무사히 돌아올 수 있었던 이유는 오직 하나, 그들의 리더가 섀클턴이었기 때문이라고 기록합니다. 어떠한 위기 상황에도 눌리지 않고 늘 '용수철처럼' 튀어 올라 공동체 안에 끊임없이 용기와 자신감을 불어넣어 준 그가 있었기에 모든 사람이 살아남을 수 있었다는 것입니다.

구약성경에도 섀클턴과 같은 관점을 가진 선지자가 등장합니다. 그는 바로 예레미야입니다. 당시 강력한 외국 군대의 공격 때문에 조국은 처참히 파괴된 상태였고, 예레미야는 하나님의 말씀을 대언했다는 이유로 왕의 노여움을 사서 죽임을 당할 위기에 처해 있었습니다. 기대하거나 바랄 수 있는 모든 것이 끊어지고 사라져 버린 상태였습니다. 남은 것은 오직 고통과 절망으로 가득 찬 현실뿐이었습니다.

> 스스로 이르기를 나의 힘과 여호와께 대한 내 소망이 끊어졌다 하였도다 내 고초와 재난 곧 쑥과 담즙을 기억하소서 애 3:18-19

예레미야는 지금 하나님은커녕 자기 자신조차 의지할 수 없다고 탄식합니다. 얼마나 고통스러운지 자신의 상황이 쓰디쓴 쑥과 쓸개즙과 같다고 합니다. 이쯤 되면 기도도 할 수 없는, 기도하려 해도 기도가 안 되는 상황입니다. 그런데 이상한 일이 일어납니다. 그의 입에서 마치 딴사람이라도 된 것 같은 고백이 쏟아져 나온 것입니다.

> 이것을 내가 내 마음에 담아 두었더니 그것이 오히려 나의 소망이 되었사옴은 여호와의 인자와 긍휼이 무궁하시므로 우리가 진멸되지 아니함이니이다 애 3:21-23

자신에게 닥친 일들을 보면 낙심할 수밖에 없지만 하나님을 '마음에 담아 두었더니', 즉 하나님이 어떤 분이시며 어떤 일을 행하셨는지 기억하고 생각해 보니 회복과 구원에 대한 소망이 '용수철처럼' 되살아나더라는 것입니다. 그러니 어떻게 하나님을 찬양하지 않을 수 있겠습니까?

세상에는 인생의 위기 앞에서 용수철처럼 반응하는 사람들이 있습니다. 그들은 상황과 현실에 짓눌린 것처럼 보이다가도 이내 더 높이 튀어 올라 문제를 극복하고 더욱 성장합니다. 그들은 위기 자체가 아니라 위기 너머를 바라봅니다. 섀클턴이 차디찬 남극 바다에 조난당한 현실 너머 언젠가 찾아올 구원의 날을 바라보고, 예레미야가 폐허가 된 조국과 죽음을 앞둔 자신의 현실 너머 살아 계시고 다스리시는 하나님을 바라본 것처럼 말입니다.

내 힘으로는 내 힘만큼만 뛰어오를 수 있지만
그분을 의지하면 그분의 힘만큼 뛰어오르게 됩니다.

결국 회복의 능력도 하나님 안에 있기 때문입니다.

위기는
기회다 09

19세기 말 미국 남부 지방에서 해충 재해로 목화 농사가 초토화된 적이 있었습니다. 범인은 바구미(weevil)라는 벌레였는데, 앨라배마부터 텍사스까지 남부 전역에 바구미가 번진 것입니다.

남부 농민들은 깊은 좌절과 절망에 빠졌습니다. 그동안 목화 재배에만 전념했던 그들은 일이 이렇게 되고 나니, 무얼 어떻게 할지 엄두도 내지 못했습니다. 하지만 그들에게는 바구미 떼도 빼앗아 갈 수 없는 것이 하나 남아 있었습니다. 그것은 바로 하나님에 대한 믿음이었습니다.

"이 땅은 하나님이 우리에게 주신 삶의 터전이야! 고작 벌레들 때문에 이곳을 포기할 수는 없어!"

"여기까지 인도하신 하나님이 우리를 그냥 내버려 두실 리가 없어!"

상황과 환경을 보면 그들이 할 수 있는 일은 아무것도 없었지만, 하나님을 향한 믿음 하나로 그들은 버팁니다. 그리고 그때까지 재배했던 목화가 아닌 다른 작물을 재배하기 시작합니다. 회생 불능의 위기가 닥쳐왔음에도 그들은 하나님이 주실 소망만을 바라보았습니다. 결국 그로부터 20년이 채 지나지 않은 1919년,

그 지역은 세계 최대의 땅콩 생산지가 되었습니다. 믿기지 않는 기적이자 놀라운 변화였습니다. 여기가 바로 '세계 땅콩 수도'로 불리는 미국 앨라배마 주의 엔터프라이즈 마을입니다. 이곳 사람들은 마을 한가운데에 바구미 벌레의 동상을 크게 세워 놓고 "우리에게 번영을 가져다준 바구미 벌레에게 감사한다"는 문구를 적어 놓았습니다. 비록 한때는 저주의 땅이었지만, 그들이 그 땅을 하나님이 주신 거룩한 땅이자 약속의 땅이라는 믿음으로 바라보았을 때 그곳을 축복의 땅으로 변화시켜 '바구미 재앙'을 위기가 아닌 기회로 바꿀 수 있던 것입니다.

한자로 풀어 보면 위기(危機)라는 말은 '위험'(危險)과 '기회'(機會)로 이루어져 있습니다. 즉, 위기는 위험하나 여전히 기회가 된다는 이야기입니다. 성경에도 이와 비슷한 내용이 언급되어 있습니다.

> 우리가 알거니와 하나님을 사랑하는 자 곧 그의 뜻대로 부르심을 입은 자들에게는 모든 것이 합력하여 선을 이루느니라 롬 8:28

하나님은 우리 인생에 일어나는 희로애락의 모든 일, 이 세상에서 벌어지는 삼라만상의 모든 것을 재료 삼아 '선'(good)을 이루시는 분입니다. 그 일이 이루어지기 위한 조건은 단 하나, 하나님을 사랑하는 것입니다. 하나님의 부르심을 듣고 그분의 뜻 가운데 머무는 것입니다. 땅 안에 가득한 바구미의 저주를 바라본 것이 아닌, 자신들을 그 땅으로 부르고 인도하신 하나님의 뜻과 마음을 헤아리며 붙든 엔터프라이즈 마을 사람들처럼 말입니다. 하나님을 사랑하고 부르심을 좇아 그분의 뜻 가운데 머무는 한, 우리 삶에 일어나는 모든 일은 합력하여 선을 이루는 재료가 될 것입니다. 위기마저도 말입니다. 그래서 위기는 기회입니다.

위기를 뚫고 올라오기란
결코 쉽지 않았습니다.

당시에는 그게 기회인지조차 알지 못했습니다.

위기 속에서도
일하시는 하나님 [10]

400년 이상 노예로 살아온 이스라엘 백성이 모세를 따라 애굽을 탈출합니다. 애굽 왕 바로의 마음이 언제 바뀔지 몰랐으므로, 그들은 황급히 길을 떠났습니다. 한참을 이동한 후 '이제는 괜찮겠지' 하며 한숨을 돌리는데, 아니나 다를까 저 멀리서 뒤쫓아오는 바로의 군대가 보입니다. 서둘러 도망치려고 앞을 보니, 이게 웬일입니까? 거대한 홍해가 그들의 앞을 가로막고 있는 게 아닙니까?

여러분은 위기가 왜 위기인 줄 아십니까? 해결 방법은커녕 해결할 수 있다는 소망조차 보이지 않기 때문입니다. 자포자기 외에는 할 수 있는 것이 없기 때문입니다.

바로가 가까이 올 때에 이스라엘 자손이 눈을 들어 본즉 애굽 사람들이 자기들 뒤에 이른지라 이스라엘 자손이 심히 두려워하여 여호와께 부르짖고 그들이 또 모세에게 이르되 애굽에 매장지가 없어서 당신이 우리를 이끌어 내어 이 광야에서 죽게 하느냐 어찌하여 당신이 우리를 애굽에서 이끌어 내어 우리에게 이같이 하느냐 우리가 애굽에서 당신에게 이른 말이 이것이 아니냐 이르기를 우리를 내버려 두라 우리가 애굽 사람을 섬길 것이라 하지 아니

하더냐 애굽 사람을 섬기는 것이 광야에서 죽는 것보다 낫겠노라 출 14:10-12

이스라엘 백성은 저 멀리 쫓아오는 바로의 군대를 딱 한 번 봤을 뿐인데도, 깡통처럼 찌부러졌습니다. '죽음'이 단번에 그들의 마음을 사로잡았습니다. 조금 전까지 자유와 기쁨의 땅으로 여겼던 홍해가 이제 그들의 공동묘지로 보입니다. 제 발로 뛰쳐나온 애굽으로 간절히 돌아가고 싶어 합니다. 그곳이 안전지대라고 생각합니다. 위기 앞에서 이렇게 깡통처럼 찌부러지는 사람은 눈과 마음이 어두워지며 현실을 왜곡하게 됩니다.

성경을 연구하는 학자들은 당시 갈라진 홍해 길을 200명에서 300명이 건너간 것으로 볼 때, 홍해가 갈라져서 나타난 길의 폭이 800m 이상은 되었을 거라고 이야기합니다. 바닷물이 양쪽에서 벽을 이루고, 수백 미터나 되는 거대한 물이 머리 위에서 넘실거렸을 것입니다. 이는 분명히 자연법칙에 완전히 어긋나는, 거대하고 놀라운 초자연적 역사입니다. 그렇다고 영화나 드라마처럼, 모세가 지팡이를 휘두르자마자 바다가 단번에 갈라진 것은 아닙니다.

처음에는 구름기둥이 이스라엘 회중의 뒤쪽으로 움직여서, 애굽 군대가 이스라엘 백성 가까이 다가오지 못하도록 가로막았습니다. 그런 다음에는 어디선가 동풍이 불어옵니다. 바람이 점점 세지더니, 드디어 바닷물을 둘로 가르기 시작합니다. 밤새도록 불어 댄 바람 덕분에 바다 한가운데 마른 길이 생겼고, 이스라엘 백성은 애굽 군대의 손아귀에서 안전하게 벗어날 수 있었습니다.

바로의 군대와 홍해 사이에 선 이스라엘 백성에게 있어서 그 두 가지 모두 절망할 수밖에 없는 위기였습니다. 막을 힘도 없고 뛰어넘을 방법도 없습니다. 할 수 있는 것은 오직 죽음을 기다리는 일뿐입니다. 그런데 **하나님은 이스라엘이 절**

망한 바로 그곳에서 일하셨습니다. 적군의 발을 묶고 바람을 일으켜 바닷물을 빼기 시작하신 겁니다. 가능성도 희망도 전혀 없어 보이는 장소인 줄 알았는데, 하나님이 한 가지씩 차근차근 일하고 계신 회복의 자리이자 승리의 현장이었던 것입니다.

해결 방법이 보이지 않습니까? 아무런 소망도 없습니까? 자포자기 외에는 할 수 있는 것이 없습니까? 그렇다 해도 절망하긴 아직 이릅니다. 가능성 제로인 절망의 위기, 그 한가운데에서 **지금도 일하고 계신 하나님을 기대하고** 기다려야 합니다.

돌아보니
위기를 뚫고 나온 것이 아니었습니다.
나의 허물을 뚫고 나온 것이었습니다.

Part.002

자기 탐색:
나는 깡통인가, 용수철인가

위기 앞에서 나는, 돋보기를 쓰고 문제를 과장해서 바라보지 않는가?[11]

최근에 십대들에게 심부름을 시켜 본 적이 있으신가요? 그때 여러분에게 돌아온 대답은 무엇이었습니까? 혹시 이런 말은 아니었나요? "왜 내가 해요?"

어떤 일에서든, 그것이 사소한 일이든 중요한 일이든 대부분 십대는 "내가 왜 그걸 해요? 내 일도 아니고 남들도 안 하는데, 왜 나만 그래야 하는데요?" 하며 짜증을 냅니다. 황당하기 이를 데 없는 반응이지만, 가만히 생각해 보면 어른인 우리도 이런 식으로 행동할 때가 많습니다.

늘 남들보다 더 많이 일하며 수고하는데 아무도 알아주지 않고 인정해 주지 않는다며 투덜댑니다. 왜 나만 희생하고 참아야 하느냐며 항변합니다. 습관처럼 자신의 상황과 사건을 지나치게 확대해서 해석하거나 자기도 모르게 '만날 나만 당한다'라며 실제보다 과장된 느낌이 들게 되는 겁니다.

그런 사람은 인생에서 일어나는 크고 작은 불행과 위기에 대해서도 똑같이 반응합니다.

원하는 것을 얻지 못하면 이렇게 생각합니다. '남들은 원하는 것을 척척 손에 넣는 것 같은데 왜 나는 안 될까? 앞으로도 또 이런 일이 반복되면 어쩌지?

난 왜 이렇게 안 풀릴까? 난 뭘 해도 안 되는 저주받은 인생인가?'

그런 사람은 자기만 그런 일을 당하는 것처럼 생각하거나, 다 끝났다고 단정을 짓거나, 자기가 하는 일은 언제나 다 그렇다며 자기 자신을 비난합니다. 질병이나 죽음, 사고나 사업 실패 같은 큰일뿐만 아니라 일상의 사소한 갈등이나 짜증, 분노에 대해서도 마찬가지입니다. **상황을 확대해서 바라보고 과장해서 받아들이기 때문에, 조금만 힘들어도 이런 생각과 말을 하게 됩니다.** "난 망했다." "다 끝났어." "난 안 돼."

드디어 가나안 땅을 코앞에 둔 상황에서, 이스라엘 백성은 절망하며 낙담합니다. 그곳을 살피고 돌아온 12명의 정탐꾼 중 10명이 다음과 같이 보고했기 때문입니다.

> 그와 함께 올라갔던 사람들은 이르되 우리는 능히 올라가서 그 백성을 치지 못하리라 그들은 우리보다 강하니라 하고 이스라엘 자손 앞에서 그 정탐한 땅을 악평하여 이르되 우리가 두루 다니며 정탐한 땅은 그 거주민을 삼키는 땅이요 거기서 본 모든 백성은 신장이 장대한 자들이며 거기서 네피림 후손인 아낙 자손의 거인들을 보았나니 우리는 스스로 보기에도 메뚜기 같으니 그들이 보기에도 그와 같았을 것이니라 민 13:31-33

나중에 여호수아와 함께한 이스라엘 백성이 가나안을 정복하는 것을 보면, 이는 철저히 확대해서 해석하고 과장해서 말한 보고였습니다. 하지만 당시 이스라엘 백성은 이 보고를 면밀히 검토해 보지도 않은 채 절망과 자포자기에 빠져들었습니다.

> 이스라엘 자손이 다 모세와 아론을 원망하며 온 회중이 그들에게 이르되 우리가 애굽 땅에서 죽었거나 이 광야에서 죽었으면 좋았을 것을 민 14:2

결국 이러한 잘못된 관점과 태도는 그들이 약속의 땅을 밟아 보지도 못하게 했습니다. 내뱉은 말대로 그들은 광야에서 생을 마감하고 말았습니다.

여러분은 어떻습니까? 인생의 위기 앞에서 돋보기를 쓴 채 문제를 과장해서 바라보지 않습니까?

문제가 커 보이는 것이 아닙니다.
단지 하나님이 작아 보이는 것뿐입니다.

내 안의 하나님이 작아지면
모든 문제가 거인처럼 커지게 되어 있습니다.

위기 앞에서 나는,
자기 통제력을 잃고
어린아이처럼 행동하지 않는가? [12]

로버트 슐러(Robert H. Schuller) 목사의 저서 《적극적 사고방식》이라는 책을 보면, 이런 이야기가 나옵니다.

미국에 빌 킹이라는 공군 대령이 있었습니다. 그는 흑인이었지요. 어느 날 킹 대령이 복장을 갖춰 입고서 백인 친구와 함께 길을 가고 있을 때입니다. 그때 갑자기 어디선가 백인 두 명이 나타나 킹 대령을 두들겨 패기 시작했습니다. 그리고 그중 한 사람이 킹 대령의 어깨에 달린 계급장을 잡아떼며 길바닥에 내던졌습니다. 그들은 이렇게 외쳤습니다. "이 사기꾼 자식아! 미합중국 공군에서는 너 같은 검둥이에게 대령 계급을 준 적이 없어!"

그런데 억울하게 뭇매를 맞으면서도 킹 대령은 "나는 사기꾼이 아닙니다. 당신들의 행동을 이해합니다만, 나는 절대 사기꾼이 아닙니다"라고 말했습니다. "하나님은 당신들을 사랑하는 것만큼이나 우리 흑인들도 사랑하십니다."

하지만 두 사람은 킹 대령의 말에는 아랑곳하지 않고, 그를 무자비하게 폭행한 뒤 사라져 버렸습니다. 킹 대령은 눈물을 흘리며 바닥에 떨어진 계급장을 집어 들었습니다. 그리고 동행하던 백인 친구에게 계급장을 달아 달라고 부탁했습니다. 나중에 그 백인 친구는 이렇게 고백했다고 합니다. "여태까지 살아오면서 내 친구 킹 대령에게 계급장을 달아 주는 것만큼 영광스럽고 자랑스러운 일은 없었다."

이런 일을 당했다면 누구나 화를 내고 자신을 방어하며 상대방을 공격해야 합니다. 이는 참고 넘길 수 있는 문제가 아닙니다. 그런데 킹 대령은 **참아 냈습니다**. 어떻게 그럴 수 있었을까요? 자신에게 닥친 위기에 어린아이처럼 즉각적이고 반사적으로 행동하는 대신, 자기 통제력을 발휘한 것입니다.

자기 통제력은 외부의 상황과 환경, 사건에 곧바로 반응하는 대신, 자기 행동의 결과가 어떨지 생각해 보고 그에 맞게 느낌과 정서, 행동을 다스리는 능력입니다. 이러한 능력을 갖춘 사람은 세종대왕 용비어천가의 시작 부분에 등장하는 나무와 같이 어떤 일을 만나도 **든든함과 견고함을 잃지 않습니다**. "뿌리 깊은 나무는 바람에 흔들리지 않고 샘이 깊은 물은 가뭄에 마르지 아니하나니."

또한 이것은 시편 1편에 등장하는 나무와도 같습니다.

> 그는 시냇가에 심은 나무가 철을 따라 열매를 맺으며 그 잎사귀가 마르지 아니함 같으니 그가 하는 모든 일이 다 형통하리로다 악인들은 그렇지 아니함이여 오직 바람에 나는 겨와 같도다 시 1:3-4

하지만 자기 통제력을 쉽게 잃어버리는 사람은 오직 자신이 원하는 바를 즉시 얻어 내는 데에만 매달립니다. 가나안 땅의 거민과 환경을 과장되게 바라본 이스라엘 백성에게 나타난 반응도 그와 같았습니다.

> 어찌하여 여호와가 우리를 그 땅으로 인도하여 칼에 쓰러지게 하려 하는가 우리 처자가 사로잡히리니 애굽으로 돌아가는 것이 낫지 아니하랴 이에 서로 말하되 우리가 한 지휘관을 세우고 애굽으로 돌아가자 하매 민 14:3-4

위기 앞에서 유치하게 반응합니다. 어린아이처럼 말하고 행동합니다. 앞뒤 가리지 않고 충동적이 됩니다. 심지어 떠나온 옛날로 돌아가고 싶어 합니다. 그래서 멀리 보지 못하고, 눈앞의 힘든 일에 휘둘려 모든 가능성을 그냥 포기해 버립니다.

여러분은 어떻습니까? 인생의 위기 앞에서 요동하지 않고, 굳건하게 서 있을 수 있습니까?

머리로는
너무 잘 알고 있었어요,
침착해야 한다는 것을.
하지만 마음은 이미 통제력을
잃어 가고 있었습니다.

위기는 결국
내 머리와 가슴의 거리를
재어 주었던 것입니다.

위기 앞에서 나는,
부정적이 되지 않는가? [13]

우리나라의 자살률이 세계 1, 2위를 앞다툰다는 보도를 자주 접하게 됩니다. 그만큼 인생의 위기 앞에서 좌절하여 스스로 생을 마감하는 이들이 우리 주변에 참 많다는 안타까운 이야기입니다. 그럴 소식을 접할 때면 저는 '오죽하면 죽음을 선택했을까' 하고 생각하면서 '왜 꼭 죽음을 선택해야 했을까?' 하고 생각하게 됩니다. 아무리 큰 고난과 역경이라 할지라도, 객관적으로 따져 봤을 때 목숨을 끊는 것 외에도 여러 가지 선택의 길이 분명히 존재합니다. 문제는 그 위기 앞에 선 당사자에게만 그 길이 보이지 않는다는 것입니다.

인생의 태풍 앞에서 우리는 자신이 얼마나 무력하고 나약한 존재인지 깨닫습니다. 자신이 할 수 있는 것이 아무것도 없음을 뼈저리게 느낍니다. 그럴 때는 우리를 만드신 하나님으로 두 손 들고 나아와야 하는데, 안타깝게도 그 손으로 자신의 삶을 마감해 버리는 이들이 있습니다.

예수님이 십자가에 달려 무참하게 돌아가신 뒤 제자들은 뿔뿔이 흩어지고 말았습니다. 그중 두 사람이 예루살렘에서 서쪽으로 약 32km 떨어진 곳에 있는 엠마오라는 마을로 가고 있었습니다. 그런데 부활하신 예수님이 어디선가 나타나서서, 그들과 동행하기 시작하셨습니다. 하지만 두 제자는 자신들이 그토록 따르고 사랑하던 주님을, 그들이 지금 나누고 있는 대화의 주인공인 주님을 알아보지 못했습니다(눅 24:15-16).

그들의 고통과 낙심, 슬픔 가운데 주님이 함께해 주심에도 알아보지 못했습니다. 그들에게는 오직 자신들의 문제만 보였던 것입니다.

> 예수께서 이르시되 너희가 길 가면서 서로 주고받고 하는 이야기가 무엇이냐 하시니 두 사람이 슬픈 빛을 띠고 머물러 서더라 눅 24:17

인생의 위기와 맞닥뜨린 많은 사람이 그 속에서도 여전히 존재하는 소망을 발견하지 못합니다. 문제를 해결하고 위기를 돌파할 길이 있음에도 그것을 바라볼 생각조차 하지 못합니다. 사실 진짜 문제는 위기가 찾아왔다는 것이 아닙니다. 위기를 넘어설 길이 엄연히 존재함에도, 그것을 알아보지 못한다는 것이 진짜 문제입니다. 예수님 때문에 슬퍼하면서도 정작 자신들을 찾아오신 예수님을 알아보지 못한 두 제자처럼 말입니다. 이것이 바로 부정적인 태도에서 나오는 무서운 파괴력입니다.

부정적 태도는 우리의 눈과 마음을 가리고, 하나님의 말씀과 그분이 행하신 일들을 믿지 못하게 만듭니다(눅 24:16, 25). 그래서 살아갈 이유를 찾지 못하고 너무나 쉽게(물론 당사자에게는 쉬운 선택이 아니었겠지만) 자살을 선택하는 것입니다.

여러분은 어떻습니까? 인생의 위기 앞에서 매우 쉽게 부정적인 사람으로 바뀌지 않습니까?

긍정적으로 생각해 보려 했지만
마음처럼 되지가 않았습니다.

생각하면 할수록
부정적인 생각 속으로
더 깊이 빨려 들어갈 뿐이었습니다.

위기 앞에서 나는,
그냥 도망쳐 버리지 않는가? [14]

요즘 대학생에게 휴학은 '선택이 아니라 필수'나 마찬가지입니다. 대학생 중에서 휴학 경험을 한 사람이 부지기수이고 4년제 대학을 졸업하기까지 평균 5년 3개월 정도가 걸린다고 하니, 이제는 '대학교 5학년생'이라는 말이 그리 어색하지 않은 것 같습니다. 휴학을 하는 이유도 완전히 바뀌었습니다. 예전에는 군 입대나 어학연수 때문에 휴학을 했지만, 요즘은 취업난과 경제난 때문인 경우가 대부분입니다. 흥미로운 것은 우리와 동일하게 취업난과 실업 문제를 안고 있는 선진국에서는 우리처럼 휴학이 하나의 문화(?)가 되거나 집단행동으로 나타나지 않는다는 점입니다. 왜 그럴까요?

어쩌면 이를 오작동하는 컴퓨터를 리셋 버튼만으로 껐다 켜는 것처럼 마음에 들지 않는 현실도 껐다가 다시 켤 수 있다고 착각하는 '리셋 증후군'(Reset Syndrome), 오락 매체에 과도하게 몰입한 나머지 현실의 문제를 외면하고 마는 '현실도피증'(Escapism), 사회에 적응하지 못하고 집에만 틀어박혀 사는 '히키코모리'(은둔형 외톨이), 현실에 만족하지 못하고 새로운 이상만을 추구하는 '파랑새 증후군'(bluebird syndrome), 어른이 되기 싫어하는 '피터팬 증후군'(Peter Pan syndrome) 같은 것으로 비유할 수 있을 듯합니다. **힘겨운 인생의 문제들에서 그저 도망치고 싶기 때문이 아닌가 합니다.**

비록 몸은 고되었을지 몰라도, 중고등학교 시절은 차라리 마음이 더 편했을 것입니다. 누구에게나 주어지는 '대학 입시'라는 명확한 목표와 정답이 있었거든요. 하지만 대학에 들어온 뒤에는 불확실함이나 모호함과 부닥치게 되고, 더 중요한 대학 졸업 이후의 삶을 꿈꾸거나 계획하지 못하고 맙니다. 그래서 일단 도망치고 보자는 마음으로 너도나도 휴학을 결심하는 것은 아닐까요?

가나안을 점령한 이스라엘을 '사사'들이 다스리던 시기에 미디안이라는 이방 민족이 쳐들어왔습니다. 그들은 무려 7년 동안이나 이스라엘을 착취하며 곡식과 가축을 약탈해 갔습니다. 얼마나 싹 쓸어 갔던지 이스라엘 백성이 파종 자체를 할 수 없는 지경이 되고 말았습니다. 아무것도 남겨 놓지 않은 것입니다. 고생과 궁핍이 어찌나 심했던지, 평소 같으면 절대 그러지 않았을 이스라엘 백성이 도와 달라며 하나님께 부르짖습니다.

이스라엘이 미디안으로 말미암아 궁핍함이 심한지라 이에 이스라엘 자손이 여호와께 부르짖었더라 삿 6:6

하지만 누구 하나 미디안 도적 떼에 맞서 자기 백성을 구원하겠노라 나서질 않습니다. 그저 모두 동굴로 숨어들 뿐입니다.

미디안의 손이 이스라엘을 이긴지라 이스라엘 자손이 미디안으로 말미암아 산에서 웅덩이와 굴과 산성을 자기들을 위하여 만들었으며 삿 6:2

인생의 위기가 닥쳐올 때 말과 기도로는 하나님의 도우심을 구하는 믿음의 표현을 쏟아 내면서도, 실제 삶에서는 문제에서 도망치고 회피하려는 이들이 많습니다. 이런 사람들은 자신은 아무것도 하지 않고서, 하나님이나 다른 누군가가 얼른 문제를 해결해 주기만을 바랍니다.

여러분은 어떻습니까? 인생의 위기 앞에서 뒤로 물러나 줄행랑치지는 않습니까?

머리로는 알았습니다.

어떻게 대처해야 하는지
너무나도 잘 알고 있었습니다.
하지만 마음은 도망치고 있었습니다.
멀리 멀리 도망치고 있었습니다.

위기 앞에서 나는,
하나님과 다른 사람을
원망하지 않는가? 15

하나님께 부르짖으면서도 여전히 동굴에 숨어 있던 이스라엘 백성 중에 기드온이라는 사람이 있었습니다. 어느 날 기드온은 밀을 추수한 뒤 그것을 타작합니다. 그런데 그 모습이 좀 희한합니다.

> 여호와의 사자가 아비에셀 사람 요아스에게 속한 오브라에 이르러 상수리나무 아래에 앉으니라 마침 요아스의 아들 기드온이 미디안 사람에게 알리지 아니하려 하여 밀을 포도주 틀에서 타작하더니 삿 6:11

밀은 들판에 나가, 탈 것이나 가축을 이용해서 타작하는 곡식입니다. 그런데 기드온은 바위에 구멍을 내서 만든 포도주 틀에서 밀을 타작합니다. 그가 이렇게 이상한 행동을 하는 이유는 무엇이었을까요?

미디안 도적 떼의 눈을 피해 몰래 숨어 자기 먹을 것을 챙기기 위해서였습니다. 그런데 이 우스꽝스러운 상황에 하나님의 사자가 기드온 앞에 나타납니다. 그리고 이 상황에 전혀 어울리지 않는 호칭으로 그를 부릅니다. "큰 용사 기드온아! 하나님이 너와 함께하신다."

그런데 이에 대한 기드온의 반응 역시 기가 찹니다. 그는 "하나님이 함께하신다고요? 도대체 하나님이 우리와 함께하신다는 증거가 어디 있습니까?"라며 따집니다.

> 여호와의 사자가 기드온에게 나타나 이르되 큰 용사여 여호와께서 너와 함께 계시도다 하매 기드온이 그에게 대답하되 오 나의 주여 여호와께서 우리와 함께 계시면 어찌하여 이 모든 일이 우리에게 일어났나이까 또 우리 조상들이 일찍이 우리에게 이르기를 여호와께서 우리를 애굽에서 올라오게 하신 것이 아니냐 한 그 모든 이적이 어디 있나이까 이제 여호와께서 우리를 버리사 미디안의 손에 우리를 넘겨주셨나이다 하니 삿 6:12-13

고난과 고통, 갈등과 질병, 상처와 가난과 실패 같은 인생의 위기가 누구에게나 찾아온다는 이야기를 앞에서 나눈 바 있습니다. 또한 그것은 나 자신이나 다른 누군가(혹은 집단)의 '자기 마음대로 살고 싶어 하는' 욕심과 이기심에서 비롯된다는 것도 나눴습니다. 그렇다면 결국 우리 인생에 찾아오는 모든 불행은 나 혹은 우리가 자초한 것이라는 말이 됩니다.

하지만 실제로 인생의 위기를 이렇게 받아들이는 사람은 거의 없습니다. 저 역시 마찬가지입니다. 고난과 불행이 닥쳐올 때 마치 미리 연습이라도 한 듯이 우리가 자연스럽게 취하게 되는 반응은 다른 사람을 탓하고 하나님을 원망하는 것입니다. 저 사람 때문에 이렇게 되었고, 부모 때문에 저렇게 되었고, 이런 사회와 나라에서 태어났기 때문에 이렇게 되었고, 하나님 때문에 요 모양 요 꼴이 되었다며 푸념하고 투덜댑니다. 기드온도 동일하게 반응하지 않습니까?

그런데 기드온이 하나님을 원망하며 한 말을 살펴보면, 재미있는 사실을 발견하게 됩니다. 그는 하나님이 함께하시면 어떤 일이 일어나는지 잘 알고 있습니다. 출애굽한 조상의 삶 가운데 하나님이 어떤 일을 행하셨는지도 잘 알고 있습니다. 하지만 그는 지금 하나님의 임재와 구원을 바라며 기도하는 대신 겁쟁이처럼 포도주틀에 숨어 밀을 타작하고 있습니다. 여러분은 이 웃지 못할 상황을 어떻게 이해하시겠습니까?

기드온은 하나님이 행하신 일과 그분의 능력을 알았지만, 닥쳐온 고난의 의미는 헤아리지 못했습니다. 하나님이 함께하지 않으신다고 생각하면서도 그분의 임재를 구하지 않았습니다. 계속되는 환란에 시달리는 동족과 사회를 보면서도 자신이 알고 있는 크고 강하신 하나님께 돌아가자고 촉구하며 부르짖지 않았습니다. 하나님을 알면서도 다른 이들과 똑같이 자기 것만 챙기고 있었습니다. 그 역시 하나님을 거역하고 불신앙과 자기 숭배에 빠진 이스라엘의 죄악에 한몫 거들고 있었습니다. 그는 하나님이 어디 계시느냐는 원망과 불평으로 자신의 죄악과 무책임을 묻어 두려 합니다. 모두 하나님 때문이라는 것입니다. 하나님이 도와주지 않으셔서, 뒤를 봐 주지 않으셔서, 지켜 주지 않으셔서 이렇게 되었다는 것입니다. 아마도 그는 이런 원망을 곱씹고 또 곱씹으면서 자기도 모르게 그것을 기정사실로 받아들였을 것입니다. 자기기만에 빠진 것이지요.

우리도 마찬가지입니다. 습관적으로 하나님과 다른 사람을 원망하다 보면, 문제의 핵심인 자기 문제를 볼 수 없게 됩니다. 아예 그런 문제가 있다는 것조차 잊어버리지요. 기드온이 그랬고, 걸핏하면 하나님과 남을 원망하는 우리가 그러는 것처럼요.

여러분은 어떻습니까? 인생의 위기 앞에서 자동적으로 원망의 말을 쏟아 내지는 않습니까?

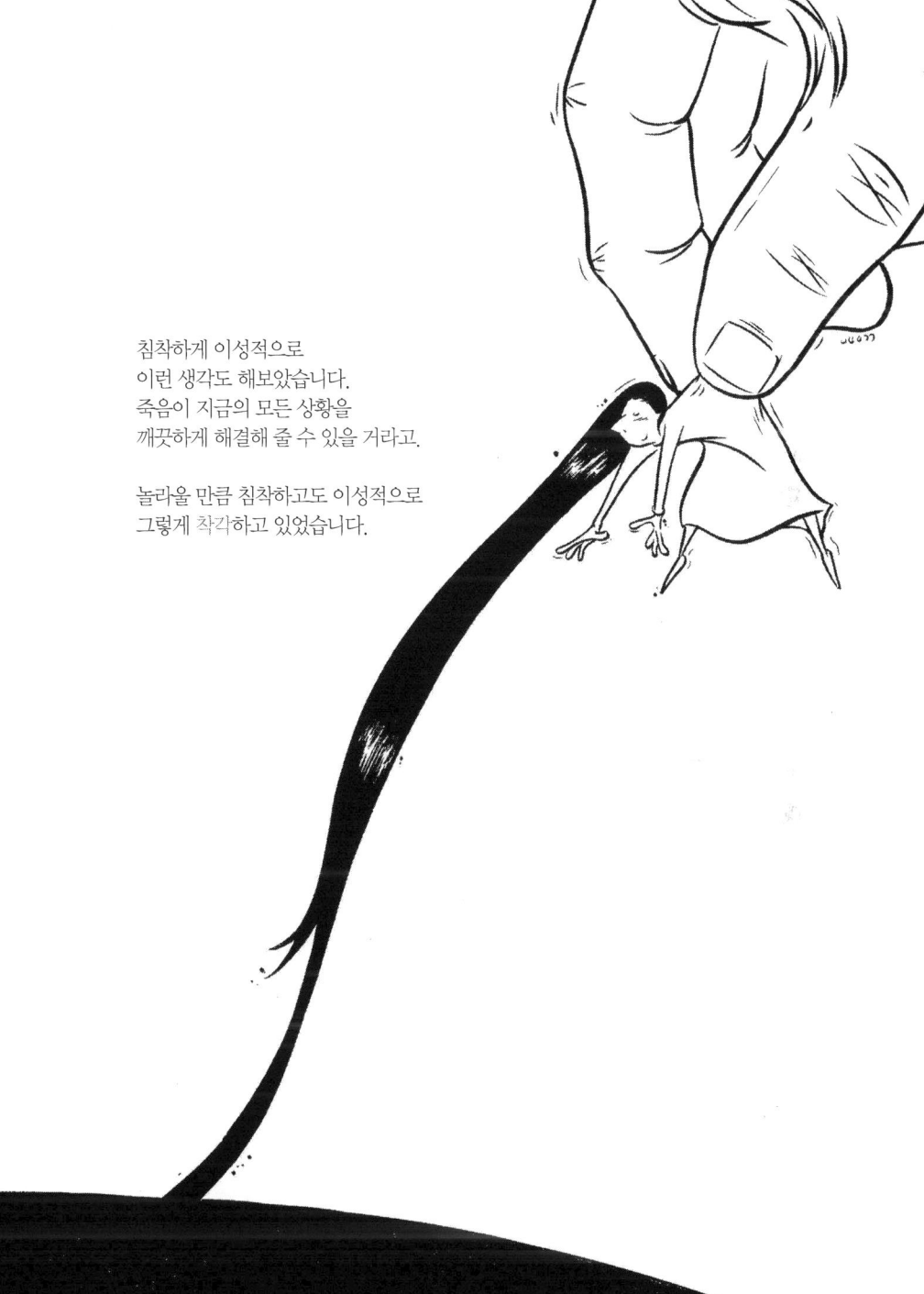

침착하게 이성적으로
이런 생각도 해보았습니다.
죽음이 지금의 모든 상황을
깨끗하게 해결해 줄 수 있을 거라고.

놀라울 만큼 침착하고도 이성적으로
그렇게 착각하고 있었습니다.

위기 앞에서 나는,
죽음을 생각하지 않는가?[16]

흑인 영가 중에 "흔들리는 포장마차"(Swing low, Sweet chariot)라는 곡이 있습니다. 우리나라에서는 주로 "하늘로 가는 마차"라는 제목으로 번역되어 많은 사랑을 받았습니다. 그런데 이 노래는 미국에 노예로 팔려 온 아프리카 흑인들이 인간으로서 누려야 할 최소한의 대우조차 받지 못하는 고통과 절망의 삶 속에서 즐겨 부르던 것입니다. 그들은 신앙조차 마음대로 가질 수 없었습니다. 미국의 흑인 노예는 18세기 말에 이르러서야 교회에 나갈 수 있었으니까요.

그래서인지 이 노래는 고통과 괴로움의 굴레에서 벗어날 유일한 탈출구로 '죽음'을 바라보고 있습니다. 언뜻 천국의 소망을 노래하는 것 같지만, 가만히 들여다보면 '천사의 무리와 황금마차'는 죽음을 상징합니다. 고통스러운 인생을 토로하며, 세상에서 자유로워지고 싶다는 갈망을 표현한 것입니다. 얼마나 힘들었으면 죽음을 소망했을지, 안타깝기만 합니다.

요즘 우리나라의 높은 자살률과 그것이 점점 더 빨리 증가하고 있다는 점을 걱정하며 우려하는 목소리가 높습니다. 사법고시 때문에 스트레스를 받는다고 목숨을 끊고, 부부 싸움을 하다가 홧김에 목숨을 끊고, 뚱뚱하고 못생겼다는 이유로 목숨을 끊는 세상입니다. 미국 흑인 노예들이 그랬던 것처럼, 현시대의 많은 사람이 죽음을 고통의 끝, 안식으로 나아가는 비상구로 여기는 듯합니다. 인생의 위기와 고난에서 벗어나는 가장 좋은 선택, 고통의 마지막 해결책이 죽음이라고 믿는 것입니다.

그런데 더 큰 문제는 부활의 생명이신 예수 그리스도를 믿는 우리 역시 죽음을 너무나 쉽고 자연스럽게 생각한다는 것입니다.

> **자기 자신은 광야로 들어가 하룻길쯤 가서 한 로뎀 나무 아래에 앉아서 자기가 죽기를 원하여 이르되 여호와여 넉넉하오니 지금 내 생명을 거두시옵소서 나는 내 조상들보다 낫지 못하니이다 하고** 왕상 19:4

엘리야는 이스라엘 구약 시대의 대표적인 선지자라고 할 만큼 대단한 인물입니다. 그의 말 한마디로 무려 3년 6개월 동안이나 비가 내리지 않았습니다. 먹을 것도 마실 것도 없는 광야에서 그는 한 끼도 굶지 않았습니다. 까마귀가 음식을 날라다 주었기 때문입니다. 또한 그는 자신을 대접하던 과부의 아들이 죽었을 때 기도로 살려냈습니다. 결정적으로 그는 갈멜 산에서 이방의 우상숭배자 850명을 상대로 극적인 승리를 이뤄 낸 믿음과 능력의 사람입니다.

그런 엘리야가 대적자의 위협 한 번에 허무하게 좌절하고 무너집니다. 자신에게는 살 가치도 이유도 없다며, 그대로 주저앉아 죽음을 꿈꿉니다. 하나님을 향한 믿음과 소망과 승리를 선포하던 바로 그 입술에서 신세 한탄과 자기 연민의 한숨이 쏟아져 나옵니다.

죽음을 통해서라도 지금 이 자리와 상황에서 벗어나고 싶다는 엘리야의 절

박한 심정이 느껴집니다. 많은 사람이 인생의 위기 앞에서 이렇게 극단적인 선택을 합니다. 하지만 생명은 (그가 어떤 사람이든 상관없이, 설사 자기 자신의 목숨이라 하더라도) 인간이 함부로 판단하고 좌지우지해서는 안 될 만큼 귀하고 묵직한 것입니다. 이 땅에서 어떤 삶을 살고 있든, 얼마나 심각한 문제에 시달리고 있든 간에 모든 생명은 하나님께 속한 것이기 때문입니다(욥 12:10).

여러분은 어떻습니까? 인생의 위기 앞에서 너무 쉽게 죽음을 떠올리거나 '차라리 태어나지 않았더라면 좋았을 텐데'라며 인생을 후회하지는 않습니까?

누군가를 타깃으로 삼아
쏘고 또 쏘고, 쏘고 또 쏘았습니다.

모두 내 연약함에서 비롯되었다는 것을
너무나도 인정하기 싫었기 때문입니다.

위기 앞에서 나는,
하나님이 무조건 구해 주실 거라고
막무가내로 믿어 버리지 않는가? [17]

하나님은 우리 편이십니다. 하나님을 믿는 사람은 물속을 지나가도 빠져 죽지 않고 불 속을 지나가도 타 죽지 않습니다. 우리는 그렇게 믿습니다.

> 여호와는 내 편이시라 내가 두려워하지 아니하리니 사람이 내게 어찌할까 여호와께서 내 편이 되사 나를 돕는 자들 중에 계시니 그러므로 나를 미워하는 자들에게 보응하시는 것을 내가 보리로다 시 118:6-7

그런데 하나님이 말씀하시는 '내 편'과 우리가 생각하는 '내 편'의 의미가 과연 같은 걸까요?

왜 이런 이야기를 하는가 하면, '하나님이 우리 편'이라는 믿음에 정면으로 어긋나는 말씀이 성경에 기록되어 있기 때문입니다.

> 네가 주리고 목마르고 헐벗고 모든 것이 부족한 중에서 여호와께서 보내사 너를 치게 하실 적군을 섬기게 될 것이니 그가 철 멍에를 네 목에 메워 마침내 너를 멸할 것이라 신 28:48

이 얼마나 청천벽력 같은 말씀입니까? 주리고 목마르고 헐벗고 모든 것이 부족한, 안 그래도 총체적 난국으로 힘들어 죽을 지경입니다. 그런데 도저히 상대할 수 없는 강적까지 보내서 그들의 노예가 되게 하고 결국에는 망하게 하시겠다니요! 정말 최악의 저주입니다. 더구나 이렇게 말씀하신 분이 하나님이라니, 도저히 믿기지가 않습니다.

놀라운 것은 그뿐만이 아닙니다. 같은 신명기 28장 앞쪽에서는 하나님이 이렇게 말씀하십니다.

> **여호와께서 너를 대적하기 위해 일어난 적군들을 네 앞에서 패하게 하시리라 그들이 한 길로 너를 치러 들어왔으나 네 앞에서 일곱 길로 도망하리라** 신 28:7

앞뒤가 안 맞아도 너무 안 맞지 않습니까? 정의롭고 공의로우신 하나님이 어떻게 성경 한 장 안에서 이렇게 말을 바꾸신단 말입니까? 도대체 7절과 48절 사이에 무슨 일이 벌어진 것일까요? 그 답은 바로 15절에 있습니다.

> **네가 만일 네 하나님 여호와의 말씀을 순종하지 아니하여 내가 오늘 네게 명령하는 그의 모든 명령과 규례를 지켜 행하지 아니하면 이 모든 저주가 네게 임하며 네게 이를 것이니** 신 28:15

문제는 하나님이 아니라 우리였습니다. 우리는 '하나님이 내 편이시다'라는 말을 우리가 늘 생각하는 식으로 받아들입니다. 어떤 사람이 내 편입니까? 무슨 일이 있더라도, 설사 내가 잘못한 것이어도 무조건 내 손을 들어주고 무조건 날

도와주는 사람이 내 편입니다. 그러니까 하나님도 이런 식의 '편들어 주기'를 해 주시리라 기대하는 것입니다. 하지만 성경은 다르게 이야기합니다. '내가 하나님 옆에 서 있을 때' 하나님이 내 편이 되실 거라고 말합니다. 핵심은 '하나님은 내 편이신가, 아닌가?'가 아니라 '내가 하나님 편에 서 있는가, 아닌가?'인 것입니다.

자신의 지혜와 능력과 자원으로는 극복하기 어려워 보이는 위기 앞에서, 하나님이 모든 문제를 해결해 주실 것이라고 무조건 믿어 버리는 그리스도인이 많습니다. 평소 신앙이 두터웠던 사람일수록 더욱더 그렇습니다. 자신의 죄와 잘못 때문에 고난과 위기가 찾아온 것임에도, 그 모든 것을 하나님이 해결해 주시리라는 말도 안 되는 믿음을 갖습니다. 자신의 연약함과 미숙함 때문에 생긴 문제임에도, "하나님이 다 알아서 해결해 주실 줄 믿습니다!"라고 기도합니다. 주님(Lord)이신 하나님을 마치 부적처럼 여기는 것입니다.

그래서 〈크리스채니티 투데이〉의 편집장인 마크 갤리는 《터프가이 예수》라는 책에서 우리의 오해를 이야기합니다. 그는 교회와 그리스도인이 빠지기 쉬운 '가장 위험한 우상 숭배'가 바로 하나님을 우리의 하인처럼 생각하는 것이라고 말합니다. 우리가 원하는 때에, 우리가 원하는 대로, 우리가 원하는 것을 정확하게 가져다주는 하인 말입니다.

여러분은 어떻습니까? 인생의 위기 앞에서 그 원인과 의미가 무엇인지 헤아려 보지도 않은 채 무조건 하나님이 도와주실 거라 맹신하지 않습니까?

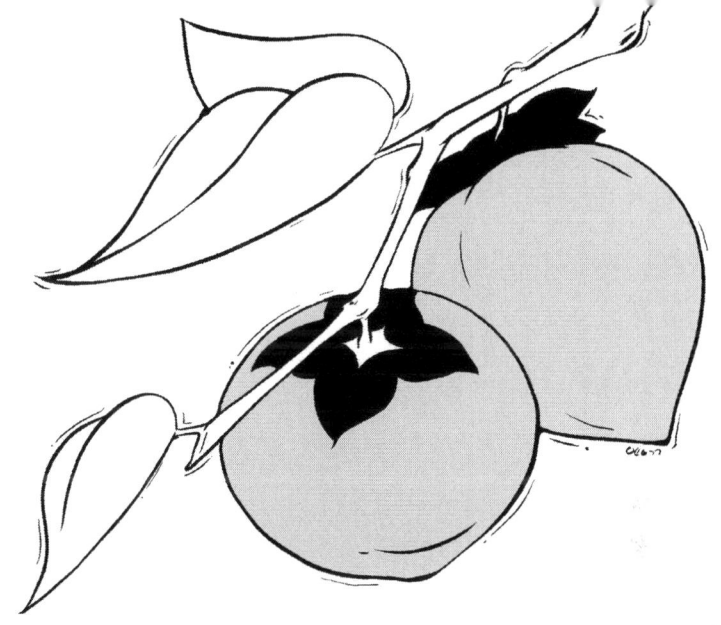

감이 떨어지기만을 기다리고 있지는 않은지요?

'대책 없음'은 믿음이 아닙니다.
'대책을 내려놓음'이 바로 믿음입니다…

위기 앞에서 나는, 하나님의 음성에 귀 기울이는가? [18]

우리는 감당할 수 없는 인생의 위기가 찾아올 때마다 하나님의 은혜와 능력을 구합니다. 힘을 잔뜩 주고서, 하나님이 문제를 해결해 주실 것이라며 크게 선포합니다. 하지만 자신이 지금 어디에 서 있는지, 하나님 편에 서 있는지 그렇지 않은지를 헤아려 보는 일에는 매우 더디고 느리게 반응합니다. 이러한 일이 내게 찾아온 이유가 무엇인지 하나님께 묻고 그분이 말씀하시는 것에 귀 기울여야 하는데, 실제로 그렇게 하지 않을 때가 더 많습니다.

모세의 뒤를 이어 이스라엘 백성을 이끌고 가나안 땅에 들어온 여호수아도 그런 상황이었습니다.

여호수아가 여리고에 가까이 이르렀을 때에⋯ 수 5:13

가까이 갈수록 크고 튼튼한 여리고 성곽이 눈에 들어옵니다. 예전에 가나안을 정탐하면서 봤던 건장한 체구의 가나안 사람들도 생각납니다. 그리고 자신과 함께하고 있는 이스라엘 백성도 돌아보게 됩니다. 군사 훈련 한 번 제대로 받지 못한 이들인 데다 변변한 무기 하나 갖고 있지 못합니다. 설상가상으로 길갈에서 할례를 마치고 이제 막 몸을 추스른 상태입니다. 여호수아는 막막하기만 합니다. 아무리 머리를 쥐어짜도 여리고 성을 공략할 방법이 생각나지 않습니다. 바로 그때, 손에 칼을 든 누군가가 그의 앞에 나타납니다. 알고 보니 그는 사람이 아닙니다. 하나님의 천사, 그것도 여호와의 군대 대장이었습니다.

> …눈을 들어 본즉 한 사람이 칼을 빼어 손에 들고 마주 서 있는지라 여호수아가 나아가서 그에게 묻되 너는 우리를 위하느냐 우리의 적들을 위하느냐 하니 그가 이르되 아니라 나는 여호와의 군대 대장으로 지금 왔느니라 하는지라… 수 5:13-14

자신들이 적진에 들어와 있음을 잘 알고 있던 여호수아는 그가 아군인지 적군인지부터 먼저 확인합니다. 그런데 여호와의 군대 대장은 "둘 다 아니다. 난 하나님이 보내셔서 여기 와 있다"라고 대답합니다. 만약 제가 군대 대장이었다면, 여호수아와 이스라엘 백성을 격려하는 차원에서 "난 너희 편이다. 난 너희를 도와주러 왔다"라고 말했을 겁니다. 사실 그것이야말로 여호수아가 가장 듣고 싶어 했던 말이 아니었겠습니까?

하지만 여호와의 군대 대장은 자기가 해야 할 말만 정확하게 전달합니다. 그의 말은 이런 의미입니다. "나는 여호와의 군대 대장으로 지금 여기에 서 있는데, 넌 누구냐? 넌 하나님 편이냐, 아니냐?"

그렇습니다. 중요한 것은 '하나님이 내 편인지, 아닌지'가 아니라 '내가 하나님 편인지, 아닌지'입니다. 전쟁은 칼과 창, 군대의 머릿수가 아니라 하나님께 속한 것이기 때문입니다(삼상 17:47).

《뿌리 깊은 영성》에서 강준민 목사님은 영성훈련을 할 때는 외적 소음보다 내적 소음이 더 큰 방해물이라고 이야기합니다. 외부의 상황이나 환경보다는 우리 내면의 생각과 상념, 느낌, 감정이 하나님께 몰입하고 그분의 음성에 귀 기울이지 못하도록 방해한다는 말입니다. 여호수아처럼 인생의 위기를 만났을 때 우리는 계속해서 고민하고 궁리하며 해결 방법을 찾습니다. 마음으로는 하나님의 음성을 듣고 싶어 하지만, 가만히 앉아서 기다릴 수가 없습니다. 우리의 심령이 너무나 바쁘고 분주하기 때문입니다.

하지만 여호수아는 천사의 말을 듣고 자신이 무엇을 해야 할지 명확하게 깨닫습니다. '누가 내 편이 되어 줄까, 누가 힘이 되어 줄까'를 고민하는 대신 하나님의 편에 서기 위해 그분 앞에 무릎 꿇고 귀 기울여야 함을 알게 된 것입니다.

> 여호수아가 얼굴을 땅에 대고 엎드려 절하고 그에게 이르되 내 주여 종에게 무슨 말씀을 하려 하시나이까 여호와의 군대 대장이 여호수아에게 이르되 네 발에서 신을 벗으라 네가 선 곳은 거룩하니라 하니 여호수아가 그대로 행하니라 수 5:14-15

여러분은 어떻습니까? 인생의 위기 앞에서 하나님 앞에 무릎 꿇고 그분의 음성에 귀 기울여야 한다는 것을 알고 그렇게 행하십니까?

"계속 깨어 있으려고요.
잠들어 있으면
음성을 들을 수 없으니까요."

그때에 천국은 마치 등을 들고 신랑을 맞으러 나간 열 처녀와 같다 하리니 그중의 다섯은 미련하고 다섯은 슬기 있는 자라 미련한 자들은 등을 가지되 기름을 가지지 아니하고 슬기 있는 자들은 그릇에 기름을 담아 등과 함께 가져갔더니 신랑이 더디 오므로 다 졸며 잘새 밤중에 소리가 나되 보라 신랑이로다 맞으러 나오라 하매 이에 그 처녀들이 다 일어나 등을 준비할새 미련한 자들이 슬기 있는 자들에게 이르되 우리 등불이 꺼져가니 너희 기름을 좀 나눠 달라 하거늘 슬기 있는 자들이 대답하여 이르되 우리와 너희가 쓰기에 다 부족할까 하노니 차라리 파는 자들에게 가서 너희 쓸 것을 사라 하니 그들이 사러 간 사이에 신랑이 오므로 준비하였던 자들은 함께 혼인 잔치에 들어가고 문은 닫힌지라…그런즉 깨어 있으라 너희는 그날과 그때를 알지 못하느니라 마 25:1-10, 13

위기 앞에서 나는, 기다릴 줄 아는가? [19]

어거스틴은 이런 말을 했습니다. "고통이란 수를 놓은 천을 보는 것 같다. 고통을 괴로움이나 부조리로만 보는 사람은 천의 뒷면만 보는 것이다. 천의 뒷면은 다양한 색상의 실이 무질서하게 얽혀 있기 때문에 지저분해 보인다. 그러나 천의 앞면을 보면, 지저분하게 이어져 있던 실의 형태와 색채가 아름답게 조화를 이루고 있음을 발견하게 될 것이다. 하나님이 역사를 움직이신다는 것을 믿는 사람은 혼잡한 현실을 뚫고 아름다운 미래를 보게 된다."

사도 바울은 한 번도 가 보지 않은 로마 교회에 편지를 쓸 정도로, 로마 선교에 남다른 열정과 소망을 갖고 있었습니다(롬 15:22-24). 그래서 아마도 로마에 갈 수 있는 여러 가지 길을 그 나름대로 모색하고 있었을 것입니다.

> 어떻게 하든지 이제 하나님의 뜻 안에서 너희에게로 나아갈 좋은 길 얻기를 구하노라…그러므로 나는 할 수 있는 대로 로마에 있는 너희에게도 복음 전하기를 원하노라 롬 1:10, 15

하지만 사도 바울은 어이없게도 '죄수'의 몸으로 로마에 맨 처음 방문하게 됩니다. 죄수의 몸으로 로마에 압송된 것입니다. 그는 로마 시민권자였기 때문에 로마에 가는 데 아무 문제가 없었습니다. 당시의 여러 학문에 능통했기에 로마에서도 아무런 문제없이 복음을 전할 수 있는 역량을 갖고 있었습니다. 그런데 왜 하필이면 남들에게 손가락질받는 죄수의 모습으로 간다는 말입니까?

그러나 사도 바울이 죄수로서 서게 된 로마의 법정은 그가 가장 효과적으로 복음을 전할 수 있는 무대였습니다. 당시 로마는 논리적 수사학이 매우 발달해 있었기 때문에, 법정에서 상대방과 논쟁을 벌이며 자신을 변호할 수 있었습니다. 덕분에 그는 법정에서 만난 고위 관리들에게 거침없이 복음을 전할 수 있었습니다. **만약 그가 자기만의 준비와 계획으로 로마에 갔다면 이러한 놀라운 기회를 얻을 수 있었을까요?**

고통과 고난의 시기에는 자기 자신이 실패한 인생처럼 느껴지기도 합니다. 삶이 망가지는 것 같고 모든 것이 꼬이고 뒤죽박죽되는 것 같습니다. 하나님이 정말로 살아 계셔서 내 삶에 관여하시며 내 인생을 인도하시는지 의심하게 됩니다. 그럴 때 필요한 것은 **모든 것이 합력하여 선을 이루시는 주님의 때를 기다릴 수 있는 여유**입니다. 그러한 여유는 오직 하나님을 알고 그분의 뜻을 신뢰하는 것에서 나옵니다.

여러분은 어떻습니까? 인생의 위기 앞에서 자신을 향한 하나님의 뜻을 신뢰하며, 조급해지는 마음을 다스리며 기다리는 여유가 있습니까?

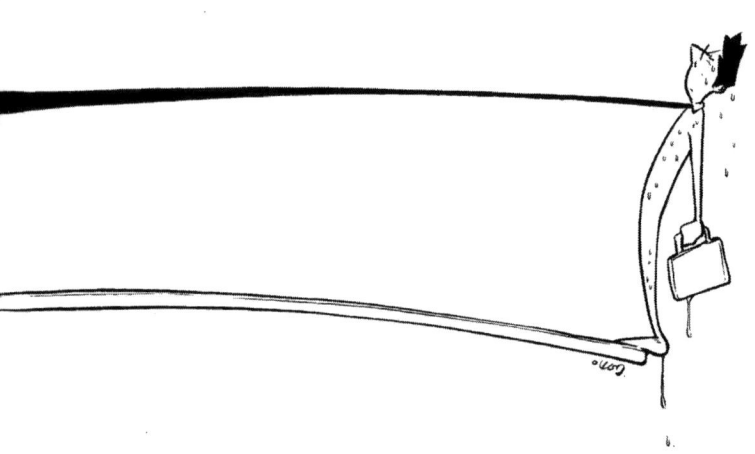

하나님,
당신을 기다리는 지금의 제 심정을 아시죠?
너무 기다리지 않게 부탁드려요.
하지만 더 기다려야 한다고 해도,
끝까지 기다릴 겁니다.

'베스트'를 준비하고 계시다는 것을 믿으니까요.

위기 앞에서 나는,
더 넓은 관점에서
바라볼 수 있는가? [20]

오순절 성령 강림의 역사를 통해 예루살렘 초대교회가 시작되었습니다. 이후 베드로와 요한이 대제사장과 서기관들에게 핍박을 받고, 아나니아와 삽비라가 헌금과 관련해서 거짓말을 했다가 하나님께 벌을 받아 목숨을 잃는 등 수많은 박해와 사건들이 일어났지만, 예루살렘 교회는 조금도 위축되지 않고 더욱 성장하여 강하고 견고해졌습니다. 그러던 어느 날 전혀 예상치 못한 곳에서 문제가 터집니다.

> 그때에 제자가 더 많아졌는데 헬라파 유대인들이 자기의 과부들이 매일의 구제에 빠지므로 히브리파 사람을 원망하니 행 6:1

당시 예루살렘 교회 공동체는 크게 두 부류의 과부들을 재정적으로 돕고 있었습니다. 그중 하나는 히브리파 유대인 과부들이었는데, 이들은 예루살렘 교회를 중심으로 팔레스타인 지역에 살고 있었습니다. 율법을 지켜야 한다는 보수적인 입장을 취하고 있었으며, 숫자도 많아서 예루살렘 교회의 주류를 이루고 있었습니다.

또 다른 부류는 헬라파 유대인 과부들이었습니다. 이들은 고향을 떠나 각지에 흩어져 디아스포라로 살다가 나이가 들어 고향에서 인생의 마지막을 보내려고 돌아온 사람들입니다. 객지에서 혼자 떠돌다 온 사람들이어서 경제적인 어려움이 많았습니다. 해외파들이라 그런지 율법이나 유대교 전통에 대해서는 개방적이고 진보적이었습니다.

예루살렘 교회는 매일 이 두 부류의 과부들에게 구제금을 나눠 주었는데, 갑자기 헬라파 과부들이 항의를 하며 나섭니다. 자신들이 히브리파 과부들에 비해 차별 대우를 받고 있다는 것이었습니다. 겉으로 볼 때는 할머니들 사이에 일어난 사소한 말다툼 같지만, 이는 유대교 배경을 가진 성도들과 디아스포라 배경을 가진 성도들이 서로 날카롭게 대립각을 세우기에 충분한 문제였습니다. 또한 교회 안에서 일어난 갈등과 분열의 조짐이기 때문에, 지금까지 직면했던 문제들과는 다른 방식으로 접근할 필요가 있었습니다.

문제가 발생하고 심각한 갈등이 일어날 때, 그리고 그것이 쉽게 해결될 기미가 보이지 않을 때 우리가 가장 쉽게 선택하는 길은 그와 관련된 모든 일을 중단하는 것입니다. 예루살렘 교회의 경우에도 분명히 이런 의견들이 많았을 것입니다. "교회의 본질은 영혼 구원이 아닙니까? 그러니까 이런 비본질적인 문제가 일어나지 않도록 아예 과부들을 구제하는 것을 중단합시다. 그렇게 하면 이런 문제 자체가 생기지 않을 것 아닙니까?"

하지만 예루살렘 교회는 **당장의 문제 해결보다 교회 공동체가 나아가야 할 더 큰 그림을 바라보았습니다.** 즉, 교회는 영혼 구원뿐만 아니라 이 세상과 성도들의 현실적인 문제에서도 중요한 역할을 감당해야 한다는 것이었습니다. 교회가 감당해야 할 가장 중요한 일은 아니었지만, 분명히 하나님이 교회에 맡겨 주신 일임은 틀림없었습니다. 그래서 선택한 것이 일곱 집사를 따로 세워 구제 사역을 맡기고, 사도들과 역할을 구분하는 것이었습니다. 덕분에 예수 그리스도의 복음이 더욱 왕성하게 퍼져 나가 예루살렘 교회가 부흥하고, 제사장들 중에서도 복음을 받아들이는 이들이 늘어났습니다.

그뿐만이 아닙니다. 예루살렘이라는 지역성에 갇혀 있던 교회가 예수 그리스도의 말씀대로 땅 끝까지 복음을 전하도록 퍼져 나가는 발화점이 된 최초의 순교자 스데반이 이 일을 통해 기독교 역사 전면에 드러나게 되었습니다.

인생의 위기를 만날 때 소극적이 되고 움츠러들고, 아무것도 하지 않으려는 이들이 많습니다. 더는 실패와 아픔을 겪고 싶지 않기 때문에, 관련된 모든 것을 멈추고 안전지대에 머물려고 합니다. 하지만 그럴 때일수록 우리가 초점을 맞춰야 할 대상은 눈앞의 문제나 위험이 아니라 하나님의 뜻과 우리의 정체성, 그리고 부르심이라는 '더 큰 그림'입니다. 그럴 때에만 인생의 위기가 기회가 되고 치유가 되며, 다시 일어나 더 크게 쓰임 받을 수 있는 훈련과 연단의 장이 될 것입니다.

여러분은 어떻습니까? 인생의 위기 앞에서 그 자리에 멈춰 거북이처럼 움츠러드십니까, 아니면 더 큰 그림에 집중하며 숨을 고르십니까?

진정 넓게 보는 사람은
많이 품을 수도 있다는 사실을 알아요.
그러니 이 과정이 좀 아프더라도 참아 낼게요.

대신 많이 넓혀 주세요.

Part.003

위기에도 튀어 오르는
첫 번째 용수철, 건강한 영성

하나님을
아는 것이 힘이다 [21]

여러분은 누군가의 '별명'을 지어 본 적이 있습니까? 별명을 지을 때는 반드시 두 가지의 내용을 담게 됩니다. 첫 번째는 그 사람입니다. 그 별명으로 불리게 될 사람의 외모나 하는 일, 살아온 모습 말입니다. 두 번째는 그 사람에 대한 자신의 느낌과 평가입니다. 긍정적이든 부정적이든, 사실이든 아니든 간에 그 사람에 대한 평가를 집어넣습니다. 그래서 대개 딱 들어맞는 별명은 함께 살고 있는 가족이나 오랫동안 사귀어 온 친구가 지어 주는 것입니다.

아브라함의 손자이자 이삭의 아들인 야곱이 가족과 함께 20년 만에 고향으로 돌아옵니다. 그러나 기대와 행복으로 가득 차야 할 귀향길이 걱정과 근심으로 가득합니다. 예전에 지은 죄, 즉 아버지 이삭을 속여 형이 받아야 할 축복을 가로챈 것 때문에 형 에서와 만날 일이 너무 두려웠던 것입니다. 그런데 앞서 보낸 사자들이 더 놀라운 소식을 들려줍니다. 에서가 무려 400명의 부하를 이끌고 오고 있다는 것입니다. 아마도 이때 야곱의 머릿속을 스치는 단어가 있었을 것입니다. '복수'말입니다.

그날 밤, 야곱은 얍복 강가에 홀로 섭니다. 그리고 갑자기 나타난 누군가와 씨름을 벌입니다. 야곱은 정체불명의 상대를 맞서 끝까지 물고 늘어졌고, 결국 그는 야곱을 축복하며 이스라엘이라는 새로운 이름을 지어 줍니다.

> 그 사람이 그에게 이르되 네 이름이 무엇이냐 그가 이르되 야곱이니이다 그가 이르되 네 이름을 다시는 야곱이라 부를 것이 아니요 이스라엘이라 부를 것이니 이는 네가 하나님과 및 사람들과 겨루어 이겼음이니라 창 32:27-28

농담 삼아 짓는 별명 하나도 상대를 알아야 지을 수 있습니다. 그렇다면 이렇게 놀랍고도 깊은 영적 의미를 가진 이름을 지어 준 정체불명의 사람은 누구였을까요? 바로 야곱을 지으시고 평생 야곱을 사랑하셨으며 단 한 번도 야곱의 곁을 떠나신 적 없는 하나님이셨습니다.

이스라엘이라는 이름은 인간적인 편법으로 살았던 야곱이 하나님만 의지하며 살게 되었음을 보여 줍니다. '야곱'이라는 이름의 뜻처럼 '사람의 발꿈치를 붙들고' 세상 것을 사모하고 자랑하던 자였던 그가 이제 할아버지 아브라함과 아버지 이삭이 받은 하나님의 약속을 이어갈 후사가 되었음을 말해 줍니다.

이 싸움의 후유증으로 다리까지 절게 되었지만, 야곱은 자신이 하나님을 만났다는 사실을 깨닫습니다. 또한 그분이 새로운 이름을 통해 새로운 비전과 삶을 보여 주시는 분이라는 사실도 깨닫습니다.

> 그러므로 야곱이 그곳 이름을 브니엘이라 하였으니 그가 이르기를 내가 하나님과 대면하여 보았으나 내 생명이 보전되었다 함이더라 창 32:30

인생의 위기 앞에서 용수철처럼 튀어 오르기 위해 가장 필요한 것은 하나님을 아는 것입니다. 하나님이 어떤 분이신지, 그분이 우리를 얼마나 사랑하시는지, 어떤 꿈과 계획을 갖고 계시는지 아는 것입니다. 그래야만 위기 속에서도 찌그러지지 않고 흔들리지 않으며 하나님이 원하시는 일, 하나님만 기쁘시게 해 드리는 일에 집중하며 살아갈 수 있습니다. 이 사건 이후부터 야곱, 아니 이스라엘은 하나님만 의지하고 그분만 생각하며, 그분께만 의뢰하며 살게 되었습니다.

인생의 위기 속에서 하나님은 그분 자신을 우리에게 나타내고 계시하십니다. 그리고 그 사실을 깨달을 때 우리는 치유와 회복을 맛보며 새로운 승리의 길로 나아가게 됩니다.

> 그가 또 언약을 배반하고 악행하는 자를 속임수로 타락시킬 것이나 오직 자기의 하나님을 아는 백성은 강하여 용맹을 떨치리라 단 11:32

하나님을 아는 것이야말로 위기 앞에서 용수철처럼 튀어 오르는 믿음의 기초가 됩니다.

우리가 믿는 하나님이 어떤 하나님이신지
정확하게 아는 것이 중요합니다.

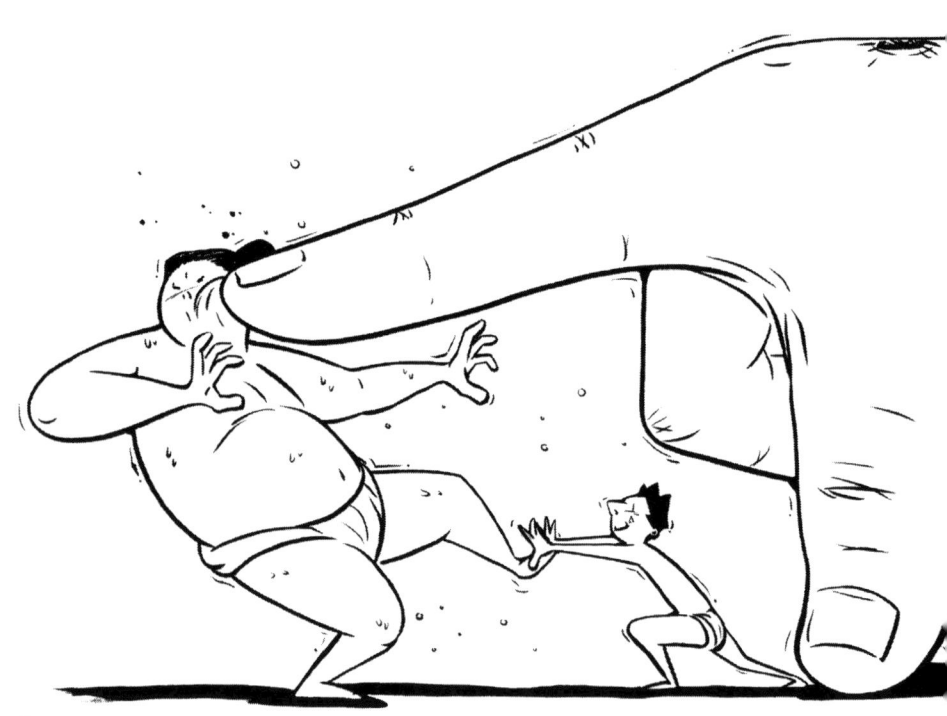

하나님을
우리 삶의 실재로
인정하라 [22]

여러분은 먹을 것을 놓고 걱정하는 새들을 본 적이 있습니까? '낡은 깃털을 새 것으로 바꾸고 싶지만 그렇게 할 돈이 없어서 속상하다'거나 '둥지를 옮겨야 하는데 수도권 지역은 전월세 비용이 너무 비싸서 지방으로 이사를 해야겠다'며 고민하는 새말입니다. 이 세상에 그런 새는 없습니다. 왜 그럴까요? 하늘 아버지가 그들을 기르시기 때문입니다.

> 공중의 새를 보라 심지도 않고 거두지도 않고 창고에 모아들이지도 아니하되 너희 하늘 아버지께서 기르시나니 너희는 이것들보다 귀하지 아니하냐 마 6:26

오직 우리 인간만 그런 걱정과 근심에 빠져 살아갑니다. 그렇다면 그리스도인들은 좀 다를까요?

주일예배 때는 전능하신 하나님에 대한 말씀을 읽고 설교를 듣고 노래까지 하면서도, 막상 월요일이 되면 토요일이 될 때까지 단 한 순간도 돈 걱정을 멈추지 않습니다. 교회에서는 그리스도의 사랑으로 용서하고 하나 되자고 말하면서, 집에서는 늘 배우자와 싸웁니다. 부모가 이렇게 종교생활만 할 뿐 자신의 삶에서 하나님을 살아 계신 실재로 인정하지 않으니, 그 자녀들도 하나님에 대한 참 믿음이 없습니다.

그러다가 언제 하나님의 실재에 대해 심각하게 고민하는 줄 아십니까? 감당할 수 없는 인생의 위기가 닥칠 때입니다. "하나님, 정말 살아 계신 것 맞습니까? 하나님이 살아 계시다면, 제게 어찌 이런 일이 일어날 수 있습니까?"

평소에는 관심조차 없었으면서, 힘들고 어려워지니까 그제야 하나님의 사망 여부를 따지는 겁니다. 그래서 사도 바울도 하나님을 믿는 사람이든 안 믿는 사람이든 똑같이 행하는 안타까운 모습을 이렇게 설명합니다.

> 기록된바 의인은 없나니 하나도 없으며 깨닫는 자도 없고 하나님을 찾는 자도 없고 다 치우쳐 함께 무익하게 되고 선을 행하는 자는 없나니 하나도 없도다 롬 3:10-12

인생의 위기란 내가 갖고 있는 자원과 능력과 성품과 재주로 감당할 수 없는 문제들을 말합니다. 이런 가운데 깡통처럼 찌부러지지 않고 용수철처럼 튀어 오르려면, 살아 계신 하나님을 자신의 삶에 '실재'로 인정하는 것부터 시작해야 합니다. 비록 우리의 오감으로 경험할 수는 없지만 시편 기자가 다음과 같이 고백한 것처럼 언제 어디서나 하나님이 함께하신다는, 그리고 늘 하나님 앞에서 행한다는 믿음으로 사는 것입니다.

> 내가 여호와를 항상 내 앞에 모심이여 그가 나의 오른쪽에 계시므로 내가 흔들리지 아니하리로다 시 16:8

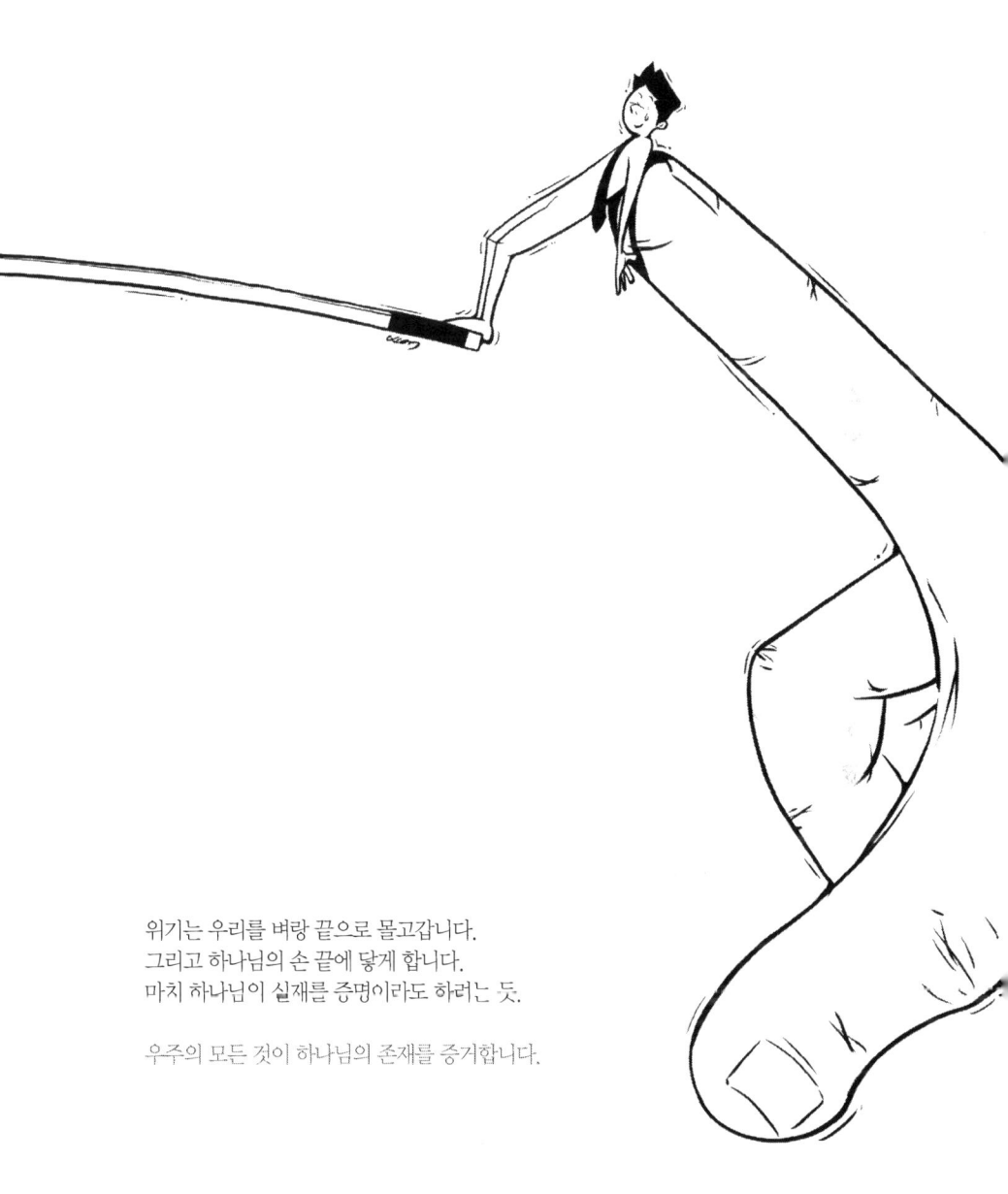

위기는 우리를 벼랑 끝으로 몰고갑니다.
그리고 하나님의 손 끝에 닿게 합니다.
마치 하나님이 실재를 증명이라도 하려는 듯.

우주의 모든 것이 하나님의 존재를 증거합니다.

인간의 이성과 합리성에
갇히지 마라 [23]

YWAM(국제 예수전도단)의 설립자 로렌 커닝햄 목사님은 《벼랑 끝에 서는 용기》라는 책에서 믿음에 관한 한 농부의 이야기를 들려줍니다.

> 하나님은 당신에게 나뭇가지 끝으로 나아가라고 하십니다. 나뭇가지 끝으로 갔을 때 '위이잉' 하는 소리가 들려 뒤돌아보니, 사탄이 전기톱으로 당신이 서 있는 나뭇가지를 잘라냅니다. 성경이 말하는 믿음은, 가지 끝에 서서 톱질하던 사탄이 나무와 함께 쓰러지는 것을 지켜보는 것입니다. 하지만 당신은 여전히 나뭇가지 위에 선 채로 공중에 있습니다. 그것이 믿음입니다. 나무나 나뭇가지를 믿는 것이 아니라 하나님의 말씀과 그 말씀을 지키실 분을 믿는 것입니다.

종종 하나님은 인생의 위기 앞에서 개연성이나 관련성이 전혀 없는 일을 명하십니다. 여호수아와 이스라엘 백성은 자신들의 병력과 무기와 전략으로는 도저히 깨뜨릴 수 없는 여리고 성을 공략해야 합니다. 그런데 하나님은 그들에게 일주일 동안 성 주변만 맴돌라고 하십니다(수 6:2-5). 아람의 군대 장관 나아만은 당시 불치병이었던 문둥병을 고치기 위해 지푸라기라도 잡는 심경으로 이스라엘의 선지자 엘리사를 찾아옵니다. 하지만 엘리사는 그를 만나 주지도 않고, 그저 요단강에 가서 몸을 일곱 번 씻으라는 말만 전합니다(왕하 5:1-10).

물론 여리고 성을 일곱 번 맴돈 이스라엘 백성도, 요단강에 가서 일곱 번 몸을 씻은 나아만도 끝까지 순종하여 기적과 같은 승리와 치유를 누릴 수 있었습니다. 하지만 이렇게 말도 안 되는 요구를 받았을 때, 맨 처음에 그들의 심정은 어땠을까요? 합리적이고 이성적인 사고를 하는 사람일수록 "말도 안 되는 소리!"라고 코웃음을 치며 거부했을 겁니다.

"아무리 그래도 그렇지 이게 말이 됩니까? 최소한 뭔가 납득할 수 있는 수준은 되어야 할 텐데, 이렇게 유치하고 말도 안 되는 짓을 꼭 해야 합니까?"

하지만 그 비이성적이고 비합리적인 짓을 따른 덕에 이스라엘 백성은 불가능한 승리를 이루었고, 나아만은 불치병을 고침 받았습니다.

사람이 살아가는 데 있어서 이성과 합리성은 꼭 필요합니다. 그러나 하나님은 이성과 합리성 안에서만 역사하시는 분이 아닙니다. **하나님은 인간의 이성과 합리성이 아니라 말씀과 성품에 따라 일하시는 분입니다.** 그러므로 하나님의 말씀하신 바와 그분의 성품에 들어맞는다면, 우리의 이성이나 합리성, 지식과 정보에 어긋난다 해도 순종할 수 있는 것입니다.

하나님은 인생의 위기 앞에 선 이들에게 이런 믿음을 요구하십니다. 자신의 경험과 지식과 생각을 내려놓고 하나님께 삶의 주권을 드리며 그분의 인도하심을 따르라는 것입니다. 그리고 하나님이 이 위기를 통해 얼마나 새로운 일을 행하시는지 바라보라는 것입니다.

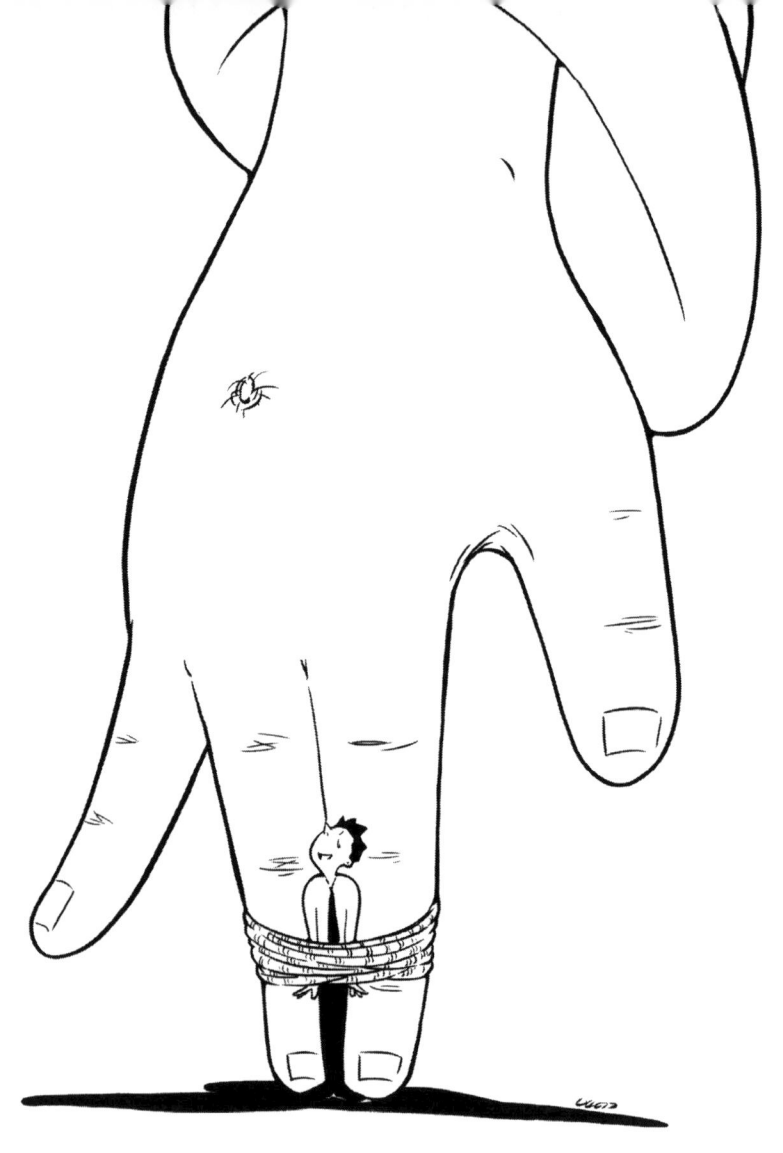

이성이 중요하지 않다는 말도,
합리성이 중요하지 않다는 말도 아닙니다.
다만 하나님이 그보다 훨씬 크시다는 사실을
아는 것이 더 중요하다고 말하는 것뿐입니다.

오직 주님만이
우리의 힘이 되심을
고백하라 [24]

위기와 역경이 찾아올 때 많은 사람이 두려움에 사로잡혀, 자기에게 주어진 일을 감당하지 못한 채 나가떨어집니다. 자신은 이 문제를 해결할 수 없다고, 그래서 결국 실패할 거라며 미리 단정 짓고 포기하는 것입니다. 큰 수술을 앞둔 환자가 이런 생각을 품게 되면, 두려움에서 벗어날 수 없습니다. 사업을 시작하는 사람이 이런 생각을 하게 되면, 제아무리 좋은 재능을 갖고 있어도 두려움 때문에 아무것도 시도할 수 없을 것입니다.

이러한 생각은 대개 내 선택과 힘으로 모든 것을 해야 한다는 전제에서 나옵니다. **만약 나보다 훨씬 뛰어나고 유능하며 풍성한 자원을 가진 누군가가 나 대신 모든 것을 선택하고 일해 준다면 어떨까요?**

독일의 초기 낭만파 음악을 대표하는 작곡가 멘델스존(Felix Mendelssohn, 1809-1947)이 유럽 최고의 오르간이 있다는 성당을 방문한 적이 있습니다. 잠시 성당 연주자의 연주에 귀 기울이던 멘델스존은 성당 연주자에게 자기도 오르간을 한 번 연주할 수 있게 해 달라고 부탁했습니다. 그러나 성당 연주자는 그의 부탁을 단호하게 거절했습니다.

"이 오르간이 얼마나 귀한 건 줄 아십니까? 이 귀한 걸 아무에게나 덥석 맡길 수는 없습니다!"

그렇지만 멘델스존은 계속 끈질기게 간청했고, 마침내 허락을 받아 냈습니다. 멘델스존의 손가락이 건반 위를 달리고 그의 발이 페달을 밟는 순간, 지금까지 성당 연주자가 한 번도 들어 보지 못한 아름답고도 웅장한 멜로디가 성당을 가득 채우기 시작했습니다. 연주가 끝나자 성당 연주자는 감동의 눈물을 흘리며 멘델스존에게 물었습니다. "정말 놀라운 연주였습니다! 여보시오, 당신은 대체 누구입니까?"

"저는 멘델스존이라고 합니다."

그러자 성당 연주자가 깜짝 놀라며 이렇게 외쳤습니다.

"당신이 멘델스존이라고요? 그 위대한 음악가 멘델스존 말입니까? 그 위대한 멘델스존에게 오르간을 맡길 수 없다고 했다니, 제가 정말 어리석었군요!"

이처럼 나보다 뛰어나고 능력 있는 누군가에게 인생을 맡길 수 있다면 아무것도 걱정하거나 두려워할 필요가 없는 것은 물론, 더 큰 소망을 품으며 더 큰 꿈을 꾸게 될 것입니다. 문제는 내가 가진 도구나 재능, 실력이 아닙니다. 돈도 아닙니다. 중요한 것은 '**내가 누구를 붙들고 무엇을 의지하느냐**'입니다. 우리 스스로 파도를 만들어 낼 수는 없지만 크고 강력한 파도를 만나면 멋진 서핑(surfing)이 가능하고, 우리 스스로 바람을 만들 수 없지만 센 바람만 만나면 하늘 높이 연을 날릴 수 있습니다. 그와 같이 우리도 하나님께 붙들림 받으면 됩니다. 하나님이 사용하시면 위대한 능력을 발휘하게 됩니다. 우리가 할 일은 그저 하나님이 우리의 삶을 그분의 뜻대로 마음대로 연주하시도록 자리를 내드리는 것뿐입니다.

두려움으로 떨고 있는 이스라엘 군대를 뒤로한 채, 여호와 하나님을 힘입어 블레셋의 거인 장수 골리앗 앞으로 담대하게 나아가는 다윗을 생각해 보십시오. 그때 이스라엘의 왕 사울도, 당시의 유명한 장군들도 모두 두려움에 떨고 있었습니다. 다윗은 훈련받은 군사도 아니었고, 변변한 무기 하나 없었습니다. 그 역시 무척이나 두려웠을 것입니다. 하지만 다윗에게는 전적으로 믿고 의지하는 구석이 있었습니다. 바로 만군의 여호와의 힘과 그분의 영광이었습니다.

> 다윗이 블레셋 사람에게 이르되 너는 칼과 창과 단창으로 내게 나아오거니와 나는 만군의 여호와의 이름 곧 네가 모욕하는 이스라엘 군대의 하나님의 이름으로 네게 나아가노라 오늘 여호와께서 너를 내 손에 넘기시리니 내가 너를 쳐서 네 목을 베고 블레셋 군대의 시체를 오늘 공중의 새와 땅의 들짐승에게 주어 온 땅으로 이스라엘에 하나님이 계신 줄 알게 하겠고 또 여호와의 구원하심이 칼과 창에 있지 아니함을 이 무리에게 알게 하리라 전쟁은 여호와께 속한 것인즉 그가 너희를 우리 손에 넘기시리라 삼상 17:45-47

우리는 다윗과 골리앗의 싸움이 어떻게 끝났는지 잘 알고 있습니다. 하나님을 힘으로 삼고 나아가면, 짐승이나 쫓는 도구인 물맷돌도 한 나라를 구원하는 위대한 도구로 사용됩니다. 그러므로 능력이 없고 돈이 없으며 재능과 학력이 없다고 비관하거나 두려워하지 마십시오. 오직 하나님만 자신의 힘으로 인정하고 의지하면, 작은 돌멩이로도 골리앗을 쓰러뜨리는 역사가 일어납니다.

그러므로 어떤 사건과 상황을 만나든 그 일을 하나님이 우리에게 주신 기회로 여기고 두려워하지 마십시오. 가진 것이 적다고 투덜대고 불평하지 말고, 가진 바를 하나님께 모두 드리십시오. 오직 주님만이 자신의 힘이심을 고백하는 사람은 '능력에 맞는 일'이 아니라 '일에 맞는 능력'을 얻게 될 것입니다.

많은 것이 필요하지 않습니다.
하나님 한 분만으로도 인생의 바다를
충분히 건너갈 수 있습니다.

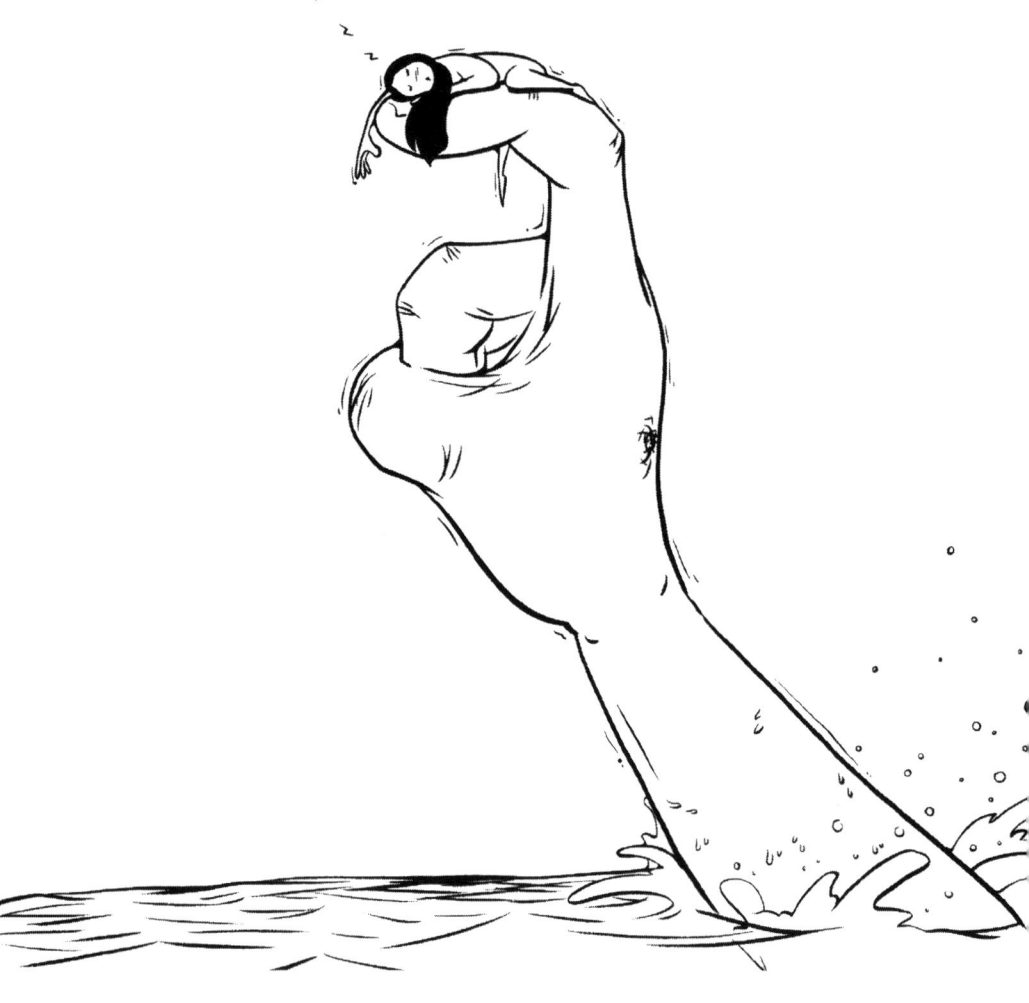

지금까지 지내 온 모든 것이 전적인 하나님의 은혜임을 인정하라 [25]

여러분은 사람이 하나님의 은혜에서 멀어지고 그 입술에서 감사가 끊어지는 때가 언제라고 생각하십니까? 저는 '내 힘으로 큰일을 이루고 그 결실을 얻었다'고 여길 때라고 생각합니다.

방주를 타고 대홍수에서 살아남은 노아와 그의 가족은 모든 것이 휩쓸려 아무것도 남지 않은 땅을 일구어 포도 농사를 시작합니다. 시간이 흘러 추수할 때가 되어 즐거운 마음에 포도주를 만들어 마신 것까지는 좋았는데, 그만 과음을 하고 말았습니다. 정신을 잃을 만큼 취한 노아는 장막 안에서 벌거벗고 누워 잠들었다가 자식들에게 부끄러움을 당하고 맙니다(창 9:21-24).

홍수가 끝나고 처음 얻은 수확입니다. 더구나 노아는 방주를 만들기 시작한 120여 년 전부터 지금까지 여유롭게 제대로 쉬어 본 적이 없었을 것입니다. 게다가 이 수확물은 노아가 자신의 손으로 직접 개간하고 수고해서 이루어 낸 결과였습니다. 오로지 하나님이 시키시는 대로만 방주를 만들던 것과는 전혀 다른 경험이었을 겁니다. 얼마나 기쁘고 즐거웠을까요? 그런데 포도 농사의 기쁨이 전혀 엉뚱한 방향으로 변질되는 것을 봅니다. 수확한 포도로 하나님께 감사하며 나아가는 대신 술을 담가 마십니다. "힘들게 고생하고 수고해서 얻었으니 이제 한번 즐겨 보자!"는 식의 마음은 아니었을까요?

이 모습은 예수님이 말씀하신 부자의 비유에서도 동일하게 볼 수 있습니다 (눅 12:16-21). 큰 창고를 새로 하나 더 지어야 할 정도로 수확이 풍성해서, 어쩔 줄 몰라 하던 부자가 있었습니다. 그런데 그는 스스로 이렇게 말합니다. "잘했다, 잘했어! 이것이 정말 내가 일궈 낸 성공이란 말인가! 몇 년 동안 가만히 앉아서도 놀고먹을 수 있을 만큼 많이 벌었으니, 이제는 먹고 마시며 즐겨 보자!"

포도 농사가 너무 잘 되니까 즐거움에 흥분한 나머지 하나님과 그분의 은혜를 잊어버린 노아와 같은 모습입니다. 그리고 안타깝게도 하나님은 이 부자에게 이렇게 말씀하십니다. "오늘 내가 네 생명을 취할 것인데, 그렇게 되면 네가 지금 뿌듯하게 여기며 자랑스러워하는 모든 재산이 누구의 것이 되겠느냐?"

인생의 위기 속에서도 용수철처럼 튀어 오를 수 있으려면, 지금까지 나의 삶을 붙들어 오셨으며 '나를 나 되게 하신' 변함없는 하나님의 은혜를 기억해야 합니다. 그렇게 하지 않는 인생은 금세 자기 의로 가득 차게 됩니다. 자신이 이루었다는 생각, 이만큼 이루었으니 자기 자신을 위해 무언가 요구할 수 있고 누릴 권리가 있다는 생각에 사로잡힙니다. 하나님을 찬양하는 대신 나를 높이고 싶고, 내 욕구를 충족시키고 싶어집니다. 이럴 때 우리는 **하나님의 은혜에 대한 감사를 잃어버리게 됩니다.**

하나님으로부터 말미암지 않은 자기 의는 금세 깨어지고 무너지게 되어 있습니다. 자기 의는 우리의 유한한 능력과 변덕스러운 마음, 연약한 육신에서 나온 것이기 때문입니다. 실패와 절망 속에서도 포기하지 않고 다시 시작할 수 있으려면, 언제 어디서나 무슨 일이 있어도 변하지 않는 기초 위에 서야 합니다. 그것이 바로 **나를 나 되게 하신 하나님의 은혜**입니다.

하나님을 바라볼 때
궤도가 수정되기 시작한다 [26]

인생의 위기를 만날 때 우리는 눈앞이 캄캄해지는 것을 경험합니다. 사면초가나 진퇴양난이라는 단어가 생각나며, 안갯속을 걷는 듯 모든 것이 불확실하고 혼란스럽기만 합니다. 극복해야 할 문제는 너무나 크고 많은데, 누구를 따르고 무엇을 의지해야 할지 도무지 알 수 없습니다. 지금 내가 어디로 가고 있으며 어디로 가야 하는지도 알 수 없습니다.

하나님이 약속하신 가나안 땅에 들어가기 위해 여호수아와 이스라엘 백성은 요단강을 건너기 위한 작전을 시작합니다. 그런데 그들에게 주어진 '미션'이 다소 특이합니다.

> 백성에게 명령하여 이르되 너희는 레위 사람 제사장들이 너희 하나님 여호와의 언약궤 메는 것을 보거든 너희가 있는 곳을 떠나 그 뒤를 따르라 수 3:3

하나님은 이스라엘 백성이 언약궤를 따르게 하십니다. 성경에서 언약궤는 하나님 임재의 표시입니다. 그러므로 언약궤를 따르라는 말은 하나님을 따라오라는 의미입니다. 하나님이 직접 이스라엘 백성의 갈 길을 인도하시겠다는 말씀입니다. 그래서 언약궤가 이동할 채비를 하면, 모든 사람은 있던 자리에서 일어나 곧바로 따라나서야 합니다.

그런데 한 가지 이상한 점이 있습니다.

그러나 너희와 그 사이 거리가 이천 규빗쯤 되게 하고 그것에 가까이하지는 말라 그리하면 너희가 행할 길을 알리니 너희가 이전에 이 길을 지나 보지 못하였음이니라 하니라 수 3:4

이천 규빗은 요즘 단위로 1km 정도의 거리입니다. 즉, 1km나 떨어져서 언약궤를 따르라는 말입니다. 왜 이렇게 언약궤와 백성을 떨어뜨려 놓은 걸까요?

그것은 다른 것에 관심을 빼앗기지 말고, 의미 없이 무작정 앞만 바라보며 따르지도 말고, 앞서 가시는 하나님만을 바라보라는 뜻입니다. 선두 그룹뿐 아니라 모든 백성이 언약궤를 볼 수 있게 하려는 것입니다. 그래서 1km씩이나 거리를 둔 것입니다. 한 번도 가 보지 않은 낯설고 어려운 길이기에 하나님을 바라보고 그 뒤를 쫓으면 나아갈 바를 알게 된다는 것입니다. 그러니 언약궤가 상징하는 하나님의 임재를 따라 전진하라는 것입니다.

인생의 위기를 만나면, 누구나 빠져나갈 곳이 없다는 두려움과 어디로 갈지 모르겠다는 불안에 빠지기 쉽습니다. 더는 지금까지 살아온 방식대로 살 수도 없고, 무엇을 어떻게 바꿔야 할지도 막막합니다. 그때 필요한 것이 바로 하나님을 따라가며 그분만 바라보는 것입니다. 하나님만 바라보며 따라갈 때 요단강이 갈라지고 길이 나타나게 됩니다.

우리는 오직 삶의 초점을 하나님께만 두고 따라가야 합니다. 위기 속에서 인생의 궤도 수정은 오직 하나님을 바라볼 때에만 가능합니다. 지금 눈앞에 도도히 흐르는 요단강만 보이는 상황에서도, 홍해를 가르고 길을 내신 하나님만 바라보며 그분을 따라가십시오.

하나님을 바라볼 때,
하나님은 그분이 바라보고 계신 것이 무엇인지 보여 주십니다.
우리는 그것을 '방향성'이라고 부릅니다.

혼란 속에서도
하나님만 따라가라 [27]

아프리카에 복음의 여명을 가져온 선교 개척자이자 탐험가이며 의사인 데이비드 리빙스턴(David Livingston)은, 아프리카에서 무려 30여 차례나 죽을 고비를 겪었습니다. 말라리아와 같은 지독한 풍토병에 시달린 것은 물론, 밀림에서 사자에게 습격을 받은 탓에 팔을 제대로 움직일 수도 없게 되었습니다. 말년에는 뇌출혈까지 겪었다고 하니, 실로 고통의 연속인 삶을 살았다 하겠습니다.

이런 일들을 겪으면서 리빙스턴은 어떤 심경이었을까요? 아무리 강철 같은 믿음의 사람이라고 해도 이렇게 인생의 위기가 반복되면 신앙의 혼란을 겪기 마련입니다. 그렇다면 리빙스턴은 무엇을 가장 혼란스러워했을까요? 저는 '하나님이 정말 나와 함께하시는가?'라는 의구심이 그를 가장 많이 괴롭혔을 거라고 생각합니다.

사도행전 18장에서 사도 바울은 고린도에서 복음을 전합니다. 안식일마다 회당에 나가 유대인과 헬라인들에게 그리스도의 복음을 전했습니다. 이윽고 실라와 디모데가 응원군으로 고린도에 도착하면서 더 큰 힘을 얻은 바울은 '예수님이 주님'이심을 강력하게 선포했습니다.

하지만 그에게 돌아온 것은 공격과 위협, 조롱뿐이었습니다. 결국 마음이 상할 대로 상한 사도 바울은 고린도를 떠나 이방인들에게 복음을 전하러 가겠노라 공언합니다. 게다가 그리스보라는 이름의 회당장과 그의 가족이 통째로 예수님을 믿기로 결단하는 일대 사건이 벌어지면서, 유대인들의 핍박이 언제 어디서 찾아올지 알 수 없는 불안하고 혼란스러운 상황이 되었습니다.

그런데 바로 그때 주님이 바울의 꿈에 나타나 이렇게 말씀하십니다.

> 밤에 주께서 환상 가운데 바울에게 말씀하시되 두려워하지 말며 침묵하지 말고 말하라 내가 너와 함께 있으매 어떤 사람도 너를 대적하여 해롭게 할 자가 없을 것이니 이는 이 성중에 내 백성이 많음이라 하시더라 행 18:9-10

주님의 말씀으로 미루어 봤을 때, 아마도 바울은 고린도를 조용히 떠날 생각이었던 것 같습니다. 하지만 주님은 핍박을 두려워하지 말고 사람들의 반응에 따라 입을 다물지 말라고 말씀하십니다. 그리고 주님이 함께하실 것이니 누구도 그를 해치지 못할 거라고 신변까지 보장해 주십니다. 주님이 부활하여 승천하시면서 남겨진 제자들과 우리 모두에게 하셨던 그 약속을 다시 한 번 확증해 주시는 것입니다(마 28:20).

그리고 주님은 바울이 새로운 힘을 낼 수 있도록 소망을 주십니다. 사역의 열매가 없고 자신과 함께하는 믿음의 사람이 너무나 적은 것에 낙심하고 실망한 그에게 "이 성중(고린도)에 내 백성이 많음이라"고 말씀하신 것입니다. 지금은 떠날 때, 그만둘 때, 포기할 생각 때가 아니라고 말씀하십니다. 아직 해야 할 일이 많다고 하십니다. 남겨진 사명, 이뤄야 할 사명이 있다고 말씀하십니다.

이 말씀 덕분에 바울은 떠나려고 마음먹었던 곳, 지긋지긋해서 진절머리가 날 지경이었을 고린도에서 1년 6개월이나 더 머물며 말씀을 가르쳤습니다.

이 경험은 두고두고 사도 바울의 사역과 삶에 큰 영향을 미쳤습니다. 디모데후서 4장을 보면, 그는 함께 사역하던 귀한 사람들이 자신의 곁에서 하나둘 떨어져 나가는 것을 보며 힘들어 합니다. 특히 자신이 늙고 병들었기 때문에 사람들이 떠나는 것 같다는 생각이 그를 더욱 괴롭혔습니다. "데마는 이 세상을 사랑하여 나를 버리고 데살로니가로 갔고 그레스게는 갈라디아로, 디도는 달마디아로 갔고"(딤후 4:10). 그래서 사도 바울은 **하나님만은 결코 자신을 떠나지 않으신다**는 것을 선포합니다.

> 주께서 내 곁에 서서 나에게 힘을 주심은 나로 말미암아 선포된 말씀이 온전히 전파되어 모든 이방인이 듣게 하려 하심이니 내가 사자의 입에서 건짐을 받았느니라 딤후 4:17

인생의 위기 앞에서 나 혼자 서 있는 것 같은 생각이 드십니까? 인생의 위기 앞에서 두려움이 밀려오고 있습니까? 지금까지 믿었던 것들이 흔들리며 혼란스럽습니까?

그럴 때일수록 우리는 세 가지 진리 위에 견고히 서야 합니다. 첫째, 모든 것이 흔들려도 우리 **하나님 아버지**가 함께하십니다. 둘째, 우리를 위해 십자가에 달려 피와 물을 다 쏟고 돌아가신 **예수 그리스도**가 함께하십니다. 셋째, 이 사실을 늘 깨우쳐 주시고 기억나게 하시며 능력을 주시는 **성령님**이 함께하십니다. 바로 이 세 가지 진리 위에 설 때에만 위기 속에서도 용수철처럼 튀어 올라 하나님이 부르신 길로 온전히 행할 수 있습니다.

아프리카 선교사로 떠난 지 16년 만에 리빙스턴이 조국인 영국으로 돌아왔습니다. 마침 글래스고 대학에서 리빙스턴에게 명예법학박사 학위를 수여하는 행사가 열렸고, 그를 존경하던 많은 이들이 한자리에 모였습니다. 사람들은 오랫동안 오지에서 선교사로 섬겨 왔으며 이에 건강까지 잃은 리빙스턴이 이제는 편안하고 행복하게 여생을 보내기를 바랐습니다. 하지만 강단에 선 그는 다시 아프리카로 돌아갈 것임을 말하며 이렇게 말합니다. "처음 영국을 떠나 아프리카로 출발할 때부터 지금까지 저를 한결같이 지켜 준 성경말씀이 있습니다. 그것은 바로 마태복음 28장 20절입니다."

내가 너희에게 분부한 모든 것을 가르쳐 지키게 하라 볼지어다 내가 세상 끝날까지 너희와 항상 함께 있으리라 하시니라 마 28:20

"하나님이 함께하겠다고 약속하시는 한 저는 언제까지나 아프리카를 섬길 것입니다." 결국 리빙스턴은 1873년 5월 1일 지금의 잠비아에 해당하는 일랄라라는 지역의 방웰루 호수 근처 텐트에서 생을 마감했습니다. 침대 옆에 무릎을 꿇고 기도하는 자세로 숨진 그는 마지막 일기를 이렇게 끝맺었다고 합니다. "나는 그분의 약속을 믿는다. 그분은 나와 함께하겠다는 약속을 지키실 것이다."

하나님은 한걸음에 혼란을 뛰어넘으십니다.
우리는 그분께 꼭 붙어 있기만 하면 됩니다.

목자이신 하나님을
신뢰하라 28

독일의 성공한 사업가이자 유명한 동기부여 트레이너인 위르겐 휠러(Jurgen Holler)는 《성공의 조건》이란 책에서 두려움이 얼마나 '상대적'인 것인지 다음과 같이 설명합니다.

여러분이 혼자 숲 속을 걸어가는데 100m 앞에 굶주린 늑대가 나타났다고 가정해 봅시다. 온몸의 털이 곤두서고 심장박동이 빨라지고 등에서는 식은땀이 흘러내립니다. 우리가 느끼는 두려움의 세기를 1부터 10 사이의 숫자로 표현한다고 할 때, 이런 경우는 대개 10이 될 것입니다.

그런데 만약 여러분의 손에 늑대와 맞서 싸울 만한 칼이나 창이 들려 있다면, 두려움의 세기가 한 단계 낮아질 것입니다. 거기에 동행인까지 있다면 더 낮아질 것입니다. 동행인이 대여섯 명이나 되고 모두 무장하고 있다면 어떨까요? 총까지 들고 있다면? 위급한 순간에 바로 도망칠 수 있는 자동차나 오토바이가 그 자리에 있다면 또 어떻게 되겠습니까?

이는 곧 우리를 위협하는 사건이나 상황은 변함이 없더라도, 그에 대한 방어수단을 갖추면 갖출수록 두려움이 줄어든다는 말입니다. 방어 수단을 몇 가지나 갖추고 있느냐, 어떠한 방어 수단을 갖고 있느냐에 따라 두려움을 조절할 수 있다는 말입니다.

여러분에게는 이렇게 세상을 살아가는 데 힘과 방패가 되어 주는 '믿는 구석'이 있습니까? 다시 말해, 인생의 위기 앞에서 두려움을 덜어 줄 만한 그 무언가가 있습니까? 사람마다 각자 믿는 구석이 다를 것입니다. 하지만 성경이 이야기하는 믿는 구석은 단 하나입니다. 가장 완벽하면서도 든든한 믿는 구석은 바로 하나님이 우리의 목자가 되신다는 믿음입니다.

주의 백성을 양 떼같이 모세와 아론의 손으로 인도하셨나이다 시 77:20

이스라엘 백성의 광야 여정을 보면 정말로 하나님이 그들을 인도하셨음을 알 수 있습니다. 하나님이 아니었다면 이스라엘 백성은 가나안에 들어갈 수도, 그분의 백성으로 세워질 수도 없었습니다. 그래서 시편 기자는 **하나님이 목자가 되어 이스라엘 백성을 인도하신다고** 노래합니다.

이 목자는 사람처럼 유한한 힘과 자원에 갇혀 있지 않으신, 전능하신 분입니다. 광야를 여행하는 이들을 보호하고 입히고 먹이고 직접 동행해서 인도하시는 분입니다. 광야의 기후와 지리, 나아갈 방향과 목표를 미리 아시는 분이며, 양 떼가 방황하지 않고 바른길로 가도록 정확하게 이끄시는 분입니다. 양 한 마리, 한 마리를 자상하게 배려하고, 광야의 사나운 짐승에게 잡아먹히지 않도록 지켜 주고, 병들지 않게 돌보며, 넘어지지 않게 보호하시는 분입니다.

그런데 '하나님이 나의 목자이십니다'라는 고백에는 '**나는 하나님의 양입니다**'라는 선언이 전제되어 있는 것입니다. 흔히들 양을 귀엽고 착한 동물로만 생각합니다만, 사실 양은 목자 없이 존재할 수 없는 매우 연약하고 무력한 동물입니다. 양은 20m 이상을 볼 수 없습니다. 후각의 기능도 부실해서 냄새도 잘 맡지 못합니다. 넘어지면 제힘으로 일어나지 못할 뿐만 아니라, 그냥 놔두면 질식해서 죽습니다. 스스로 방어할 만한 무기가 전혀 없습니다. 누군가 앞장서서 이끌어 주지 않으면 뿔뿔이 흩어지고 맙니다. 그래서 목자이신 하나님을 따르는 것은 하나님의 절대적인 지혜와 사랑, 능력을 온전히 믿고 의지하는 것인 동시에 자신의 무력함과 연약함을 기꺼이 인정하는 것입니다.

이러한 믿음과 그로부터 나오는 고백은 인생의 위기를 어떻게든 홀로 해결해 보려는 인간의 모든 노력을 무장해제시키는 가장 좋은 방법입니다. 하나님이 우리의 목자가 되십니다. 그리고 우리는 그분의 양입니다.

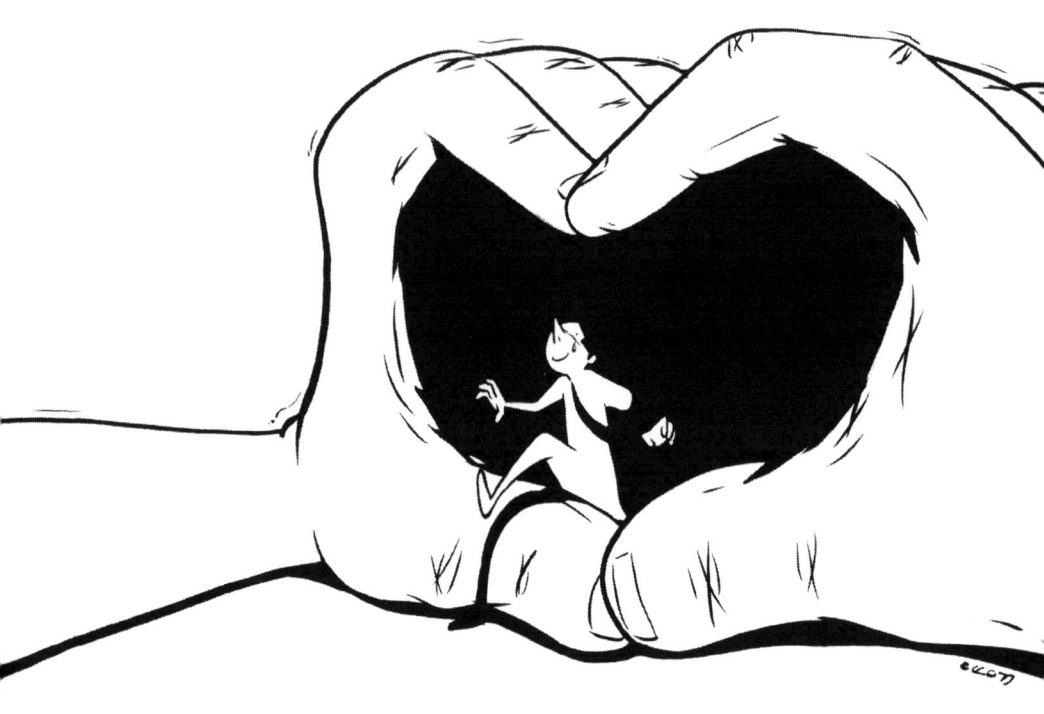

조금은 좁고 어두운 길로 인도하실 때도 있었습니다.
그 시간들이 결코 쉽지 않았던 것도 사실이고요.
하지만 한 가지 확실한 것은
그 과정의 모든 것이 내게 유익했다는 것입니다.

그분이 목자이시기 때문입니다.

하나님이
모든 것을 다스리심을
믿으라 [29]

미국 복음주의의 차세대를 이끌 대표 주자로 알려진 브라이언 맥클라렌(Brian D. McLaren) 목사가 '하나님의 다스리심'을 이해할 때 갖는 맹점과 관련해서 쓴 《새로운 그리스도인이 온다》라는 책을 읽은 적이 있습니다. 그는 '하나님이 다스리신다'는 의미를 컴퓨터 자판의 컨트롤 키나 기계의 컨트롤 버튼을 조작하는 것처럼 생각하는 우리의 모습을 지적합니다. 즉, 원하는 작업을 즉시 진행하시며, 이런저런 통제와 조정으로 바라는 결과만을 얻어내시는 이미지로 그린다는 것입니다. 그런데 문제는 이러한 기계론적이고 결정론적인 관점으로는 우리 인생에 닥쳐오는 위기 상황들을 이해할 수 없다는 데 있습니다. 버튼과 스위치로 모든 것을 통제하고 조작하시는 하나님이라면, 어떻게 수만 명의 목숨과 삶의 터전을 빼앗는 자연재해가 일어나며 어떻게 우리 인생에 질병과 실패, 갈등과 같은 문제들이 존재할 수 있다는 말입니까?

출애굽한 지 얼마 되지 않은 이스라엘 백성 역시 동일한 딜레마에 빠져 있었습니다. 뒤에서는 바로의 군대가 맹추격하고 있고, 앞에는 홍해가 놓여 있습니다. 어디를 봐도 숨을 곳이나 도망할 곳이 전혀 없습니다. 바로의 군대에게 처참하게 죽임을 당하거나 검푸른 홍해 바다에 빠져 죽는 것 외에는 선택의 여지가 없어 보입니다. 그래서 이스라엘 백성은 하나님과 모세를 원망합니다. 하나님이라고 해서 믿고 따라나섰는데, 어떻게 여기서 자신들을 죽음의 길로 내몰 수 있느냐는 것입니다.

인생의 위기 앞에 설 때 우리 마음도 하나님을 향한 가시 돋친 질문으로 가득 차기 쉽습니다.

"하나님, 도대체 왜 이런 일이 일어난 겁니까?"
"왜 이렇게 되도록 내버려 두셨습니까?"
"왜 우리 기도를 외면하고, 간절한 부르짖음에 응답하지 않으셨습니까?"
"하나님, 정말 계시기는 한 겁니까?

시편 기자도 이 대열에 동참하고 있습니다.

> 주께서 영원히 버리실까, 다시는 은혜를 베풀지 아니하실까, 그의 인자하심은 영원히 끝났는가, 그의 약속하심도 영구히 폐하였는가, 하나님이 그가 베푸실 은혜를 잊으셨는가, 노하심으로 그가 베푸실 긍휼을 그치셨는가 하였나이다(셀라) 시 77:7-9

그런데 놀랍게도 그는 바로 다음 구절에서 하나님을 향한 자신의 의심이 잘못임을 고백합니다.

> 또 내가 말하기를 이는 나의 잘못이라 지존자의 오른손의 해 곧 여호와의 일들을 기억하며 주께서 옛적에 행하신 기이한 일을 기억하리이다 시 77:10-11

그는 하나님을 향한 자신의 회의적인 태도가 어디에서 비롯되었는지 깨달았습니다. 상황과 환경에 상관없이 하나님이 모든 것의 주관자이시라는 사실, 그분이 자신을 기억하고 구원하는 분이시라는 사실을 잊어버리고 있었음을 깨달은 것입니다.

홍해와 바로의 군대 사이에 끼어 공황 상태에 빠진 이스라엘 백성도 동일한 진리를 배우게 됩니다. 먼저 하나님은 모세를 통해 그들에게 왜 이런 상황이 찾아왔는지 설명하십니다.

> 내가 바로의 마음을 완악하게 한즉 바로가 그들의 뒤를 따르리니 내가 그와 그의 온 군대로 말미암아 영광을 얻어 애굽 사람들이 나를 여호와인 줄 알게 하리라 하시매 무리가 그대로 행하니라 출 14:4

즉, 하나님이 이 일을 허락하신 것은 하늘 높은 줄 모르고 날뛰는 바로와 그의 군대를 꺾어 그분이 영광을 받기 위함이라는 것입니다. 이번 사건을 통해, 하나님을 모르는 애굽인들에게 그분이 누구이신지 깨닫게 해주기 위함이라는 것입니다. 결국 하나님의 심판으로 바로의 군대는 홍해에 수장되어 버립니다. 흔적도 없이 사라집니다. 하나님의 말씀대로 애굽과 이스라엘 백성은 하나님이 역사의 주인이자 모든 것을 섭리하고 주관하시는 분임을 깨닫게 되었습니다. 그래서 이스라엘 백성은 홍해를 건넌 뒤에 이렇게 하나님을 찬양합니다.

> 이스라엘이 여호와께서 애굽 사람들에게 행하신 그 큰 능력을 보았으므로 백성이 여호와를 경외하며 여호와와 그의 종 모세를 믿었더라 이때에 모세와 이스라엘 자손이 이 노래로 여

호와께 노래하니 일렀으되 내가 여호와를 찬송하리니 그는 높고 영화로우심이요 말과 그 탄 자를 바다에 던지셨음이로다 출 14:31-15:1

이스라엘 백성이 그랬듯 인생의 위기 앞에서 하나님께 회의적으로 반응하게 되는 이유는 그분이 우리 삶을 인도하시는 분임을 잊어버리기 때문입니다. 개인뿐만 아니라 세상 모든 역사의 절대적 주권이 하나님께 있다는 사실, 수시로 찾아오는 곤경과 어려움 속에도 그분만이 아시는 선한 이유와 의도가 있다는 사실을 잊어버리기 때문입니다.

지금 인생의 위기 앞에서 심령 깊은 곳에 하나님을 향한 의심과 믿음에 대한 회의가 소용돌이치고 있다면, 여러분 자신에게 이렇게 선포하십시오. "나는 지금 너무나 답답하고 힘들어서 죽을 지경이다. 하지만 나는 이런 상황에서도 하나님이 온 세상과 모든 역사의 주관자이심을 믿는다! 하나님이 나를 떠나신 것 같은 느낌이 들 때에도 나는 하나님이 내 인생의 모든 것을 주관하시며 다스리심을 믿는다!"

담대하라 내가 세상을 이기었노라
요 16:33

위기를 통해
하나님을 더 깊이 알게 될 것을
기대하라 30

구약 시대의 대표적인 선지자 중 하나인 엘리야가 인생의 위기 앞에서 철저하게 무너진 적이 있습니다. 그가 하나님께 이렇게 호소합니다.

> 그가 대답하되 내가 만군의 하나님 여호와께 열심이 유별하오니 이는 이스라엘 자손이 주의 언약을 버리고 주의 제단을 헐며 칼로 주의 선지자들을 죽였음이오며 오직 나만 남았거늘 그들이 내 생명을 찾아 빼앗으려 하나이다 왕상 19:10

주님을 따르고 섬겼던 수많은 선지자가 다 죽어 버렸습니다. 남은 선지자는 엘리야뿐입니다. 이는 모두 하나님이 그분을 따르고 섬기는 이들과 더는 함께하지 않으시기 때문입니다. 그래서 엘리야는 자신도 데려가 달라며 하나님께 부르짖습니다.

하지만 하나님은 그를 호렙 산으로 인도하십니다. 그곳은 그의 신앙 선배인 모세가 잃어버린 정체성과 사명을 80년 만에 되찾은, 회복과 소망의 자리입니다. 엘리야도 하나님과 담판을 지을 요량으로 산에 오릅니다. 그랬더니, 기다렸다는 듯이 곧바로 신기한 일들이 일어나기 시작합니다.

> 여호와께서 이르시되 너는 나가서 여호와 앞에서 산에 서라 하시더니 여호와께서 지나가시는데 여호와 앞에 크고 강한 바람이 산을 가르고 바위를 부수나 바람 가운데에 여호와께서 계시지 아니하며 바람 후에 지진이 있으나 지진 가운데에도 여호와께서 계시지 아니하며 또 지진 후에 불이 있으나 불 가운데에도 여호와께서 계시지 아니하더니 불 후에 세미한 소리가 있는지라 왕상 19:11-12

크고 강한 바람과 지진, 그리고 불은 하나님이 자신을 계시하고 임재하시는 보편적인 방법입니다. 엘리야가 그것을 모를 리 없습니다. 그래서 그는 크고 강한 바람이 불 때, 지진이 일어날 때, 불길이 나타날 때마다 그 안에 계실 하나님을 찾았습니다. 그는 누구보다도 하나님의 임재를 선명하게 경험했고, 그러한 하나님의 임재를 늘 갈망했습니다. 즉, 그의 하나님은 언제나 놀라운 권능으로 임하여 백성을 승리로 이끌고, 불의한 자를 멸하시는 분이었습니다. 하지만 호렙 산에서의 하나님은 그의 기대와 달랐습니다. 하나님은 바람 속에도, 지진 가운데에도, 불 속에도 계시지 않았습니다. 지금 엘리야는 삶을 포기하고 싶을 만큼 힘들어하고 있습니다. 그래서 엘리야는 하나님을 몹시 갈망하고 있습니다. 그런데 하나님은 왜 그런 엘리야 앞에 나타나지 않으시는 걸까요?

하나님은 엘리야가 그분을 '권능의 하나님, 승리의 하나님'으로만 기억하기를 원치 않으셨습니다. 그분을 제한적으로 알기를 원치 않으셨습니다. 그가 온전한 하나님을 발견하게 되기를 원하셨습니다. 엘리야의 신앙이 더욱 성숙해지기를 바라셨던 것입니다.

하나님은 엘리야에게 찾아온 **인생의 위기를 영적 성숙의 기회로** 바꾸셨습니다. 더는 할 수 있는 것이 없다며 포기하는 절망의 순간에도 여전히 자신의 백성을 구원하려는 계획을 멈추지 않고 진행하시는 분임을 보여 주셨습니다.

엘리야는 자기 홀로 남았다며 절망했지만, 하나님은 7천 명이나 되는 믿음의 사람들을 숨겨 두고서 놀라운 희망을 준비하고 계셨습니다. 새로운 왕과 새로운 선지자가 될 사람들을 준비하고 계셨습니다. 그리고 엘리야가 새롭고 놀라운 일들을 계획하며 행하시는 하나님을 경험하기 원하셨습니다.

지금 인생의 위기 가운데 있습니까? 그렇다면 그 시간은 이제껏 알지 못하고 경험하지 못한 새로운 하나님을 발견하게 될 기회입니다. **온전한 시각으로 하나님과 자기 자신, 인생과 세상을 바라볼 성숙한 신앙인이 될 기회입니다.**

그래서 우리의 인생은 하나님을 더 깊이 알아 가는 과정이라 할 수 있습니다. 위기를 경험할 때마다 우리는 하나님이 어떠한 분이신지, 그분에 관해 더욱 다양하고 깊이 있게 알아 가게 될 것입니다.

떨어질 때도 있고 뛰어오를 때도 있습니다.
하지만 이제 그런 것은 중요하지 않아요.
중요한 건 주님과 함께 트램펄린 타는 법을
배워 가고 있다는 사실이니까요.

Part.004

위기에도 튀어 오르는
두 번째 용수철, 건강한 자아상

나를
사랑하는 것이 힘이다 [31]

사람의 기억은 '있는 그대로의 사실'보다 '사실에 대한 자신의 해석'으로 남아 있는 것일 가능성이 큽니다. 아무리 있는 그대로의 '사실'만을 기억하려 하더라도, 이미 우리가 보고 듣고 느낀 정보들을 임의로 선별하고 편집하여 판단한 가운데 머릿속에 저장되기 때문입니다. 기억하고 싶은 대로 기억한다는 말입니다. 이 점을 놓고 보면, 무슨 일이 일어났느냐보다 더 중요한 것은 어떻게 바라보느냐인 것 같습니다. **동일한 사건과 상황, 현상도 보는 관점과 들이대는 기준에 따라 도움이 될 수도, 장애가 될 수도 있기 때문입니다.**

"나 같은 죄인 살리신"(Amazing Grace)이라는 찬양으로 온 세상의 그리스도인과 비그리스도인 모두에게 감동을 준 가스펠 가수 레나 마리아(Lena Maria)를 생각해 보십시오. 레나 마리아는 양팔과 한쪽 다리가 없지만, "팔과 손이 없는 대신 반지나 장갑을 잃어버릴 염려가 없다"는 식의 밝은 유머를 구사할 정도로 긍정적이고 건강한 사고를 하는 사람입니다. 또한 《닉 부이치치의 허그》라는 책을 쓴 닉 부이치치(Nick Vujicic) 역시 긍정적인 사고를 하는 사람입니다. 그는 머리와 몸통, 발가락 두 개만 가지고 태어난 선천적 장애인입니다. 그러나 그는

"백 번이라도 다시 일어나려고 시도할 거예요. 저는 아직도 기적을 믿어요"라고 고백하며, 하나님이 주시는 소망과 행복을 전 세계에 전하고 있습니다.

이렇듯 인생의 위기 속에서도 용수철처럼 튀어 오르는 사람은 자기 자신과 자신에게 일어난 일을 긍정적으로 바라봅니다. 하지만 위기 앞에서 깡통처럼 찌부러지는 사람은 그와 정반대의 관점과 태도를 갖습니다. 자신의 존재 의미와 가치, 역량, 가정, 외모 등을 평균 이하, 아니 아예 바닥 수준으로 생각합니다. 가진 것보다 갖고 있지 못한 것에 집중하며, 이래서는 아무것도 할 수 없다는 비관적 태도로 일관합니다.

이스라엘이 왕정 국가가 되기 전, 사사들이 다스리던 때 미디안이라는 이방 민족이 빈번하게 쳐들어왔습니다. 그들의 약탈이 어찌나 심했던지, 이스라엘 백성은 집을 떠나 이리저리 숨어야 했습니다.

이때 하나님은 이스라엘의 구원 투수로 기드온을 선택하십니다.

> 여호와께서 그를 향하여 이르시되 너는 가서 이 너의 힘으로 이스라엘을 미디안의 손에서 구원하라 내가 너를 보낸 것이 아니냐 하시니라 그러나 기드온이 그에게 대답하되 오 주여 내가 무엇으로 이스라엘을 구원하리이까 보소서 나의 집은 므낫세 중에 극히 약하고 나는 내 아버지 집에서 가장 작은 자니이다 하니 삿 6:14-15

하지만 기드온은 자기는 그런 일을 할 수 있는 사람이 아니라며, 그에 대한 이유를 조목조목 들이댑니다. 자신이 속한 지파가 별 볼 일 없다고 말합니다. 작기 때문입니다. 자신이 속한 집안이 별 볼 일 없다고 말합니다. 작기 때문입니다. 아버지도 별 볼 일 없다고 합니다. 평범하기 때문입니다. 그리고 기드온 자신도, 그가 보기에 심각하게 별 볼 일 없습니다. 그는 그저 작고 평범한 집안 출신인 자신이 어떻게 강한 미디안을 물리쳐 동족 이스라엘을 구원할 수 있겠느냐고 말합니다.

그랬습니다. 기드온의 지파와 집안, 부모는 그의 말대로 작고 평범했습니다. 그것은 엄연한 사실(fact)입니다. 바꾸고 싶어도 바꿀 수 없습니다. 마음에 들지 않아도 평생 안고 살아야 합니다. 하지만 '그렇기 때문에 할 수 없다'는 것은 기드온의 주관적인 해석일 뿐입니다. 할 수 없다고 주장하는 이가 누구입니까? 바로 기드온 자신입니다. 이러한 관점에 매여 있는 한 그는 결코 위기에 처한 이스라엘을 구원하는 일에 쓰임 받을 수 없습니다.

여러분은 어떻습니까? 주어진 외모와 재능, 배경이라는 '가치 중립적' 사실만 놓고서 '나는 쓸모없는 존재야'라는 지극히 주관적인 결론(그러나 자신은 결코 인정하고 싶어 하지 않는)을 이끌어 내지 않습니까? 자기 자신을 부정적으로 바라보는 사람은 위기 앞에서 깡통처럼 찌부러질 수밖에 없습니다. 이미 마음속에서 자포자기를 선언해 버렸기 때문입니다. 위기 앞에서 용수철처럼 튀어 오르고 싶은 사람은 자기 자신을 긍정적으로 바라보며 자기 자신을 사랑하는 법을 배워야 합니다. 그렇게 하려면 사실의 해석에 몰두하는 것이 아니라, **하나님이 말씀하시는 바에 관심을 가져야 합니다.**

기드온을 보십시오. 하나님이 그에게 뭐라고 말씀하십니까?

큰 용사여 여호와께서 너와 함께 계시도다 삿 6:12

하나님은 기드온이 '큰 용사'라고 하십니다. 이상하지 않습니까? 작은 지파와 작은 집안, 평범한 부모에게서 태어난 평범한 사람이 어떻게 큰 용사가 된단 말입니까?

그렇게 될 수 있는 조건은 단 하나입니다. 하나님이 그와 함께하시기 때문입니다. 다른 조건은 전혀 필요하지 않습니다. 모든 능력의 근원이자 역사의 주관자이신 하나님이 함께하시면, 지파가 어떻고 집안이 어떻고 부모가 어떻고 하는 것은 아무런 문제가 되지 않습니다. 오직 하나님과 함께 있을 때 비로소 우리는 자신을 가치 있는 존재로 느끼며 사랑하게 됩니다.

인생의 위기 앞에서 용수철처럼 튀어 오르고 싶습니까? 그렇다면 자신을 '작은 자, 별 볼 일 없는 자, 약한 자'로 해석하며 부정적으로 생각하고 있지는 않은지 돌아보십시오. 그리고 지금 여러분을 향해 선포하시는 하나님의 말씀을 전심으로 받아들이십시오.

"큰 용사야! 하나님이 지금 바로 너와 함께하신다!!"

당신은 당신 생각보다
큰 가능성을 가진 사람입니다.
자신을 사랑하는 사람이란
그 가능성을 바라보는 사람을 말합니다.

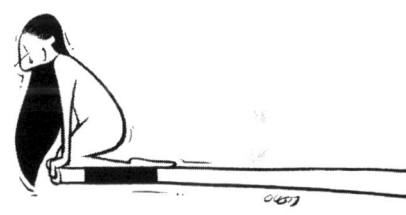

자기 자신과
직면하라 [32]

야곱은 속임수를 써서, 형 에서가 받아야 할 장자의 축복을 가로챕니다. 그러고는 멀리 떨어진 외삼촌의 집으로 도망칩니다. 그로부터 스무 해가 흘렀습니다. 야곱은 고향으로 돌아옵니다. 그런데 강산이 두 번 바뀔 만큼 오랜 시간이 지났음에도, 야곱을 향한 에서의 원한은 더욱 깊어지기만 했나 봅니다. 동생이 식솔을 데리고 돌아온다는 말을 듣자마자, 에서는 자신이 직접 양성한 정예부대 400명을 거느리고 달려옵니다. 이 소식을 들은 야곱도 늘 그래 왔던 것처럼, 약삭빠른 잔꾀로 맞대응합니다.

> 그 예물은 그에 앞서 보내고 그는 무리 가운데서 밤을 지내다가 밤에 일어나 두 아내와 두 여종과 열한 아들을 인도하여 얍복 나루를 건널 새 그들을 인도하여 시내를 건너가게 하며 그의 소유도 건너가게 하고 창 32:21-23

야곱은 형의 환심을 사기 위한 계획을 세웁니다. 우선 선물 행렬을 앞세우고 그 뒤에 아내와 자녀들을 보낸 뒤, 자기는 맨 뒤에 남아 있다가 여차하면 도망칠 계산을 하고 있습니다. 한밤중에 강가에서 다가오는 죽음의 위협을 혼자 바라보며 어쩔 줄 몰라 하는 야곱의 모습은 그의 인생을 상징적으로 보여 주고 있습니다.

여러분은 야곱이 가장 싫어하고 힘들어 했던 것이 무엇인 줄 아십니까? 바로 고독입니다. 홀로 남겨지는 것입니다. 인생의 위기를 만날 때 가장 견디기 어려운 것이 고독과 외로움일 것입니다. 야곱은 아무도 도와줄 수 없는 밤, 자신의 장기를 모두 동원해도 철저하게 혼자일 수밖에 없는 밤을 보내고 있습니다.

사실 야곱에게는 홀로 있을 시간이 별로 없었습니다. 그는 열심히 살았습니다. 자식도 많고 아내도 많습니다. 부리는 종들도 많고, 소유하고 있는 육축도 많습니다. 그는 이 모든 것을 얻기 위해 열심히 달려왔고, 이룬 것을 유지하기 위해 노심초사했으며, 가진 것을 더 키우기 위해 쉴 새 없이 움직였습니다. 이것이 바로 그의 생존 방식이었습니다. 지금까지 그는 수많은 일과 사람들 속에서 살았습니다. 혼자만의 시간을 가져 본 적이 없었습니다. 그럴 수 있는 시간이 주어져도, 해야 할 일과 계획을 세우는 데 몰두할 따름이었습니다.

하지만 지금 이 순간 얍복 강가에서 야곱은 자신의 모든 소유에서 철저하게 분리된 밤을 맞이합니다. 그동안 그의 자랑이었던 모든 술책이 아무런 힘을 발휘하지 못하는 무력한 밤을 맞이합니다. 하나님이 그를 인생의 광야로 몰아넣으신 것입니다.

큰 소음 속에서는 자기 자신의 목소리도 잘 들리지 않는 것처럼, 사람들이 떠드는 소리와 내적 욕망의 소리, 끊임없이 떠오르는 상념들로 가득한 일상에서 우리는 내가 누구이며 어디로 가고 있는지 모른 채 그냥 살아갑니다. 하지만 모든 것이 잠든 조용한 밤에는 자연스럽게 자기 자신에 대해 생각하게 됩니다.

자기를 돌아봅니다. 혼자가 될 때, 자신이 의지하던 모든 것과 단절될 때 비로소 인간은 깊이 있게 생각하게 됩니다. 세상의 소리에 귀를 닫으면, 자기 내면의 소리뿐만 아니라 하나님의 음성을 들을 귀까지 열립니다.

그래서 야곱은 홀로 외삼촌의 집으로 도망치던 중에 하나님을 처음 만났고, 홀로 얍복 강가에서 번민하던 중에 하나님을 또다시 만납니다. 그리고 그 덕분에 야곱은 인생의 위기 앞에서 뒤로 물러나거나 주저앉는 대신 새로운 전환점을 경험할 수 있었습니다.

자기 자신과 마주 보십시오. 힘들고 어려운 때일수록 더 그렇게 하십시오. 우리가 찾는 해결책과 탈출구는 바깥이 아니라 우리의 내면세계에 있는 경우가 많기 때문입니다.

나 자신과 직면한다는 것…
낯설고 두려운 시도라는 것을 잘 알아요.

그래도 물 밖에 있는 것보다
물속에 있는 것이
훨씬 따뜻할 겁니다.

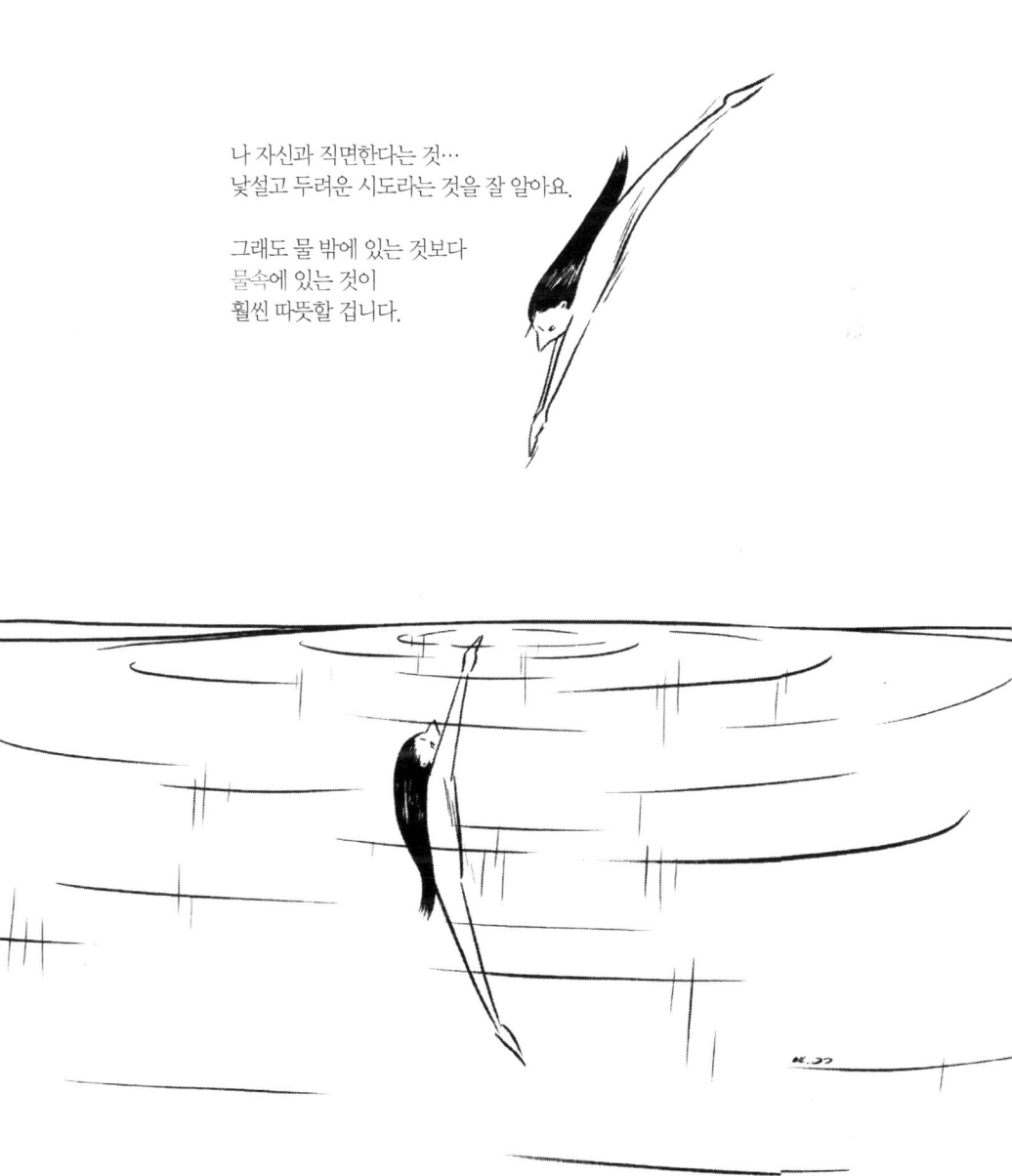

자기 자신을 있는
그대로 인정하라 [33]

예수님의 수제자 베드로는 비록 가방끈이 짧은 시골 출신 어부였지만 자신감과 자부심이 남달리 넘치던 사람입니다. 수동적이던 다른 제자들보다 늘 앞서 행동했고, 심지어 예수님이 가시는 죽음의 자리까지 따라가겠다며 호언장담할 정도였으니까요. 그래서 그는 "오늘 밤 닭 울기 전에 네가 세 번 나를 부인하리라"는 예수님의 말씀에 섭섭해하며 불쾌하게 생각했습니다.

하지만 결국 예수님의 말씀대로 베드로는 제 목숨 하나 부지하기 위해 예수님을 세 번이나 부인하고 맙니다. 예수님과 다른 제자들 앞에서 멋지고 용감한 사람으로 보이고 싶어서 온 힘을 기울였던 그가 **비로소 자신의 진짜 모습과 직면하게 되는 순간**이었습니다. 이는 베드로에게 너무 힘들고 아픈 경험이었을 것입니다. 그래서 성경은 그가 밖으로 나가 홀로 통곡했다고 기록합니다(마 26:75).

자신의 인생과 민족의 미래를 바꿔 줄 거라 믿었던 사랑하는 스승을 허무하게 잃어버리고, 그분에 대한 자신의 마음도 껍데기뿐이었음을 뼈저리게 깨달은 베드로는 다시 일자무식 시골 어부로 돌아갑니다. 주님을 만나 지금까지와는 전혀 다른 세상과 미래를 꿈꾸게 되고 그 가운데 자신의 아성을 쌓고 싶었지만,

자신은 결코 그런 일을 감당할 만한 그릇이 아님을 깨달은 것입니다. 자기 자신을 바라보는 베드로의 눈과 생각에서 거품이 빠졌습니다. 자신이 원하고 바라는 것과 상관없이 있는 그대로의 모습을 바라보게 된 것입니다.

인생의 위기는 자신이 연약하고 모순투성이인 존재임을 깨닫게 합니다. 자신이 대단한 존재가 아니며 자기 힘으로 할 수 있는 것이 아무것도 없음을 보게 합니다. 그때 비로소 있는 그대로의 나와 만날 수 있습니다. 이것을 인정하고 받아들이는 것이 바로 겸손입니다. 하나님의 도움이 필요한 존재임을 인정하는 것입니다. 나의 나 된 것이 내가 아니라 하나님의 은혜로 된 것임을 고백하는 것입니다. 우리 안에 쌓인 경험과 연륜과 지식, 지혜가 많아서 자신이 비교적 강한 존재라고 생각될 때에도, 사실 누구나 연약하고 깨지기 쉬운 질그릇과 같은 존재임을 기억해야 합니다.

모든 인생의 위기가 하나님으로부터 말미암는 것은 아닙니다. 하나님이 행하시는 것도 있지만, 그렇지 않은 때도 있습니다. 다만 우리는 하나님으로부터 왔든 그렇지 않든 인생에 일어나는 모든 위기 안에 우리 자신의 연약함과 한계를 철저히 깨닫는 은혜가 있음을 고백할 수 있습니다. 모든 것이 하나님의 사랑과 섭리 가운데 있음을 믿음으로 고백할 수 있습니다.

진정한 자기 자신의 모습을 보고 인정하는 사람만이 삶과 신앙의 참 의미를 발견할 수 있습니다. 위기 앞에서도 무너지지 않을 수 있으며, 오히려 그것을 통해 하나님께 더 가까이 나아가게 됩니다. 베드로가 예수님을 세 번이나 부인했던 그날 밤은 실패와 좌절의 시간인 동시에 진정한 자기 인정의 장소였습니다. 이 자기 인정은 베드로가 초대교회의 기둥이 되는 초석이 되었습니다.

모난 나의 모습도 나 자신의 일부분이고,
나 자신은 결국 하나님 형상의 일부분입니다.

그러므로 하나님을 온전히 사랑하는 사람은
나 자신도 온전히 받아들이게 됩니다.

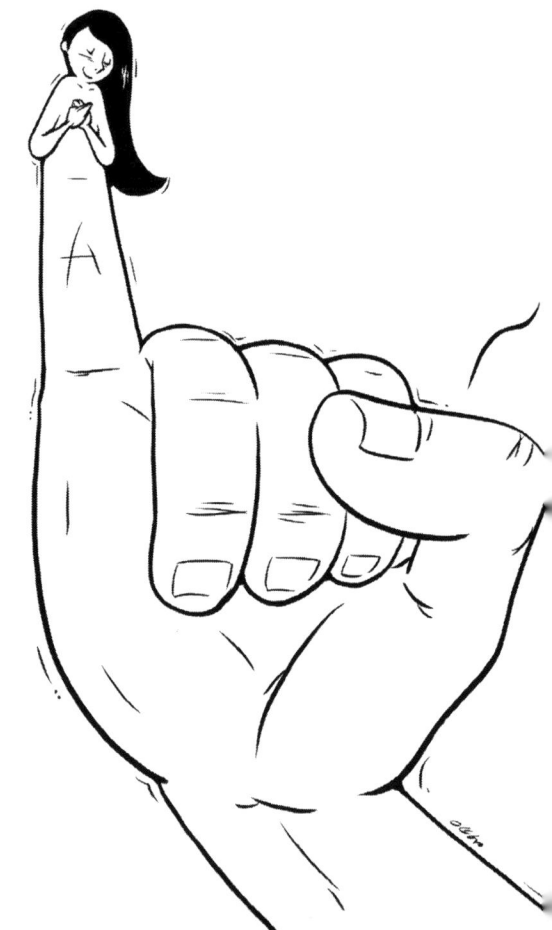

옛사람을
십자가에 못 박으라 [34]

한밤중에 얍복 강가에서 홀로 자기 자신과 마주 선 야곱에게 하나님이 찾아오십니다. 그리고 그의 자아를 철저하게 깨뜨리십니다(창 32:25). 그의 환도뼈를 쳐서 부러뜨리신 것입니다.

환도뼈는 둔부 아래쪽에 있는 좌골로, 엉덩이 골반을 이루는 좌우 한 쌍의 뼈를 말합니다. 이 뼈는 사람의 몸을 받쳐 주는 물리적 힘이 생성되는 부분으로, 생명과 힘의 근원을 상징합니다. 이 부분이 망가졌다는 것은 지금까지 야곱을 야곱되게 했던 모든 권모술수와 잔꾀가 끊어졌다는 것을 의미합니다.

지금까지 의지했던 것이 무용지물이 될 때 우리는 자아가 깨어지는 것을 경험하게 됩니다. 자아가 깨어진다는 것은 우리 **자신의 생각과 계획만으로는 인생을 살아갈 수 없음을** 철저히 깨닫고 인정하는 것입니다. 자기 자신을 위해 쌓아 온 모든 것이 한순간에 무너지는 경험입니다. 하나님이 우리를 사랑하신다고 '배워 온' 사람에게는 이해하기 힘든 일입니다. 나를 사랑한다면 내 자아를 더욱 견고하게 하고 복을 주어야 하는 것이 아닙니까? 그런데 왜 깨뜨리는 것일까요?

'내 것으로 내 것을 위해 내 방식으로' 자아가 충만한 삶을 사는 한 크고 존

귀한 하나님의 선물과 복을 누리기는커녕 발견할 수도 없기 때문입니다. 우리는 그런 삶이 행복이고 성공이라고 생각하지만, 하늘의 더 소중한 것을 바라보고 소유하는 참된 복을 받으려면 우리가 고집스럽게 붙들며 집착하고 있는 모든 것을 완벽하게 깨뜨려야 합니다.

하지만 우리는 뼛속부터 자신을 버리기 싫어하는 자아중심적 존재입니다. 왕 되신 하나님과 그분 말씀의 권위 아래 거하는 대신 자기 마음대로 살고 싶어 합니다. 하나님과 같이 되어 자신이 인생의 주인이 되겠다며 선악을 알게 하는 나무의 열매에 손을 댄 아담과 하와가 그랬던 것처럼 말입니다. 그러니 아무리 선한 양심과 착한 행실, 깊은 영성을 갖고 있더라도 **자아가 살아 있는 한 예수 그리스도를 자신의 구원자와 주님으로 영접하고 살아갈 수 없습니다**. 죄를 짓고 육신의 정욕에 매여 사는 자아를 깨뜨리지 않는 한 그리스도를 주님으로 모시고 살아가는 존귀하고 복된 삶을 누릴 수 없습니다. 그래서 예수님이 인간의 몸으로 이 땅에 오셔서 십자가에 달려 죽으신 것입니다. 그 십자가에 우리와 함께 못 박혀 자기중심적이고 정욕적이며 세속적인 자아를 깨뜨리신 것입니다.

> 내가 그리스도와 함께 십자가에 못 박혔나니 그런즉 이제는 내가 사는 것이 아니요 오직 내 안에 그리스도께서 사시는 것이라 이제 내가 육체 가운데 사는 것은 나를 사랑하사 나를 위하여 자기 자신을 버리신 하나님의 아들을 믿는 믿음 안에서 사는 것이라 갈 2:20

얍복 강가에서 야곱이 경험한 것이 바로 이 옛사람의 죽음이었습니다. 그가 의지하던 모든 것이 깨어졌습니다. 하나님 말고는 의지할 대상이 전혀 없습니다. 참된 행복과 축복이 자신에게 달려 있지 않음을 고백합니다. 인생의 위기를 통해 하나님이 우리 가운데 행하기 원하시는 가장 중요한 것도 이와 같습니다. 우리의 옛사람을 부수고 새롭게 합니다. 우리가 의지하고 신뢰하던 모든 것을 무너뜨립니다.

지금 '얍복'에 서 계십니까? '얍복'은 히브리어로 '자신을 비우다, 털어 버리다'라는 의미가 있습니다. 바로 그곳에서 하나님은 우리를 비워 그분만을 의지하도록 예수 그리스도의 십자가로 인도하여, 우리를 못 박아 깨뜨리실 것입니다.

롯의 아내는 뒤를 돌아보았으므로 소금 기둥이 되었더라

창 19:26

여전히 옛사람을 바라보고 있는 내면 안의 소금 기둥들,
이제 그 기둥들을 뿌리째 뽑아 버리세요.

과거를 바라보는
안경을 바꾸라 35

누구도 예상하지 못했던(성경에는 기록되어 있지 않지만, 당사자인 이스라엘 백성도 그랬을 겁니다) 여리고 성의 함락 사건 이후, 이스라엘은 주변 민족들에게 두려움의 대상이 되었을 것입니다. '천하무적 능력자' 이스라엘 부대의 다음 목표는 여리고보다 훨씬 더 작은 아이 성입니다. 분명히 여호수아와 이스라엘 백성은 '아이 성 정도는 식은 죽 먹기야'라고 생각했을 것입니다. 왜 그러지 않겠습니까? 그들은 난공불락 '여리고를 부순 자들'(Jericho-breakers)이니까요!

그런데 성경은 여리고 성에서의 승리만큼이나 놀라운 반전을 보여 줍니다. 이스라엘이 대패한 것입니다!

> 백성 중 삼천 명쯤 그리로 올라갔다가 아이 사람 앞에서 도망하니 아이 사람이 그들을 삼십육 명쯤 쳐 죽이고 성문 앞에서부터 스바림까지 쫓아가 내려가는 비탈에서 쳤으므로 백성의 마음이 녹아 물같이 된지라 수 7:4-5

이스라엘 진영이 공황상태에 빠졌습니다. '어떻게 이럴 수가 있지?' '아이

성 따위에게 지다니!' '우리는 이제 어떻게 되는 걸까?' '다들 우리를 얕잡아 보며 공격해 올 것이 틀림없어!'

이때 하나님은 이스라엘 백성의 불순종과 고난의 문제를 끄집어내어 영적 대수술을 감행하십니다. 두렵고 아픈 시간이었지만, 이스라엘이 가나안을 정복해서 새로운 하나님 나라를 세우는 주춧돌이 되기 위해 반드시 거쳐야 할 필수 과정이었습니다. 그런 뒤에 하나님은 다시 아이 성을 바라보게 하십니다.

> 여호와께서 여호수아에게 이르시되 두려워하지 말라 놀라지 말라 군사를 다 거느리고 일어나 아이로 올라가라 보라 내가 아이 왕과 그의 백성과 그의 성읍과 그의 땅을 다 네 손에 넘겨주었으니 수 8:1

그리고 어떤 일이 일어났을까요? 이스라엘이 아이 성을 함락합니다. 멋지게 설욕전에 성공한 것입니다. 어떻게 해서 여호수아와 이스라엘 백성은 처참한 실패의 기억을 딛고 이렇게 승리할 수 있었을까요? 물론 하나님이 도우셔서 가능했겠지만, 이스라엘 백성의 입장에서는 그들이 '과거를 바라보는 눈'을 바꿨기 때문입니다.

하나님이 이스라엘 백성에게 행하신 영적 대수술이 무엇입니까? 불순종하고 교만한 자기 모습과 직면하게 하셨습니다. 아간을 찾아내 벌하는 가운데 자신들의 죄악을 회개하게 하셨습니다. 하나님과의 관계를 회복하게 하셨습니다. 그런 과정 속에서 무엇이 달라졌을까요?

과거를 바라보는 눈이 달라졌습니다. 아이 성의 실패는 이제 그들에게 수치스러운 흉터가 아닙니다. 이제 아이 성 사건은 하나님이 그들을 거룩하고 정결하며 건강

하게 하셨음을 떠올리게 해주는 추억입니다. 그래서 이스라엘은 실패의 기억을 딛고 두 번째 전투에서 승리를 거두게 되었습니다.

인생의 위기 앞에서 용수철처럼 튀어 오르고 싶다면, 과거를 바라보는 여러분의 눈을 바꾸십시오. 지나간 일을 원망과 미움과 슬픔, 아픔과 고통으로 해석하는 안경을 쓴 채로는, 과거와는 다른 현재와 미래를 그릴 수 없는 법입니다. 고통스러운 시간 속에서도 (심지어 그것이 나 자신의 죄와 연약함으로 말미암아 벌어진 일이라 하더라도) **변함없이 함께하시는 하나님을 기억하십시오.** 그럴 때 과거를 바라보는 눈이 달라질 것입니다.

과거에만 집중하면
미래로 날려 보내질 수 없습니다.

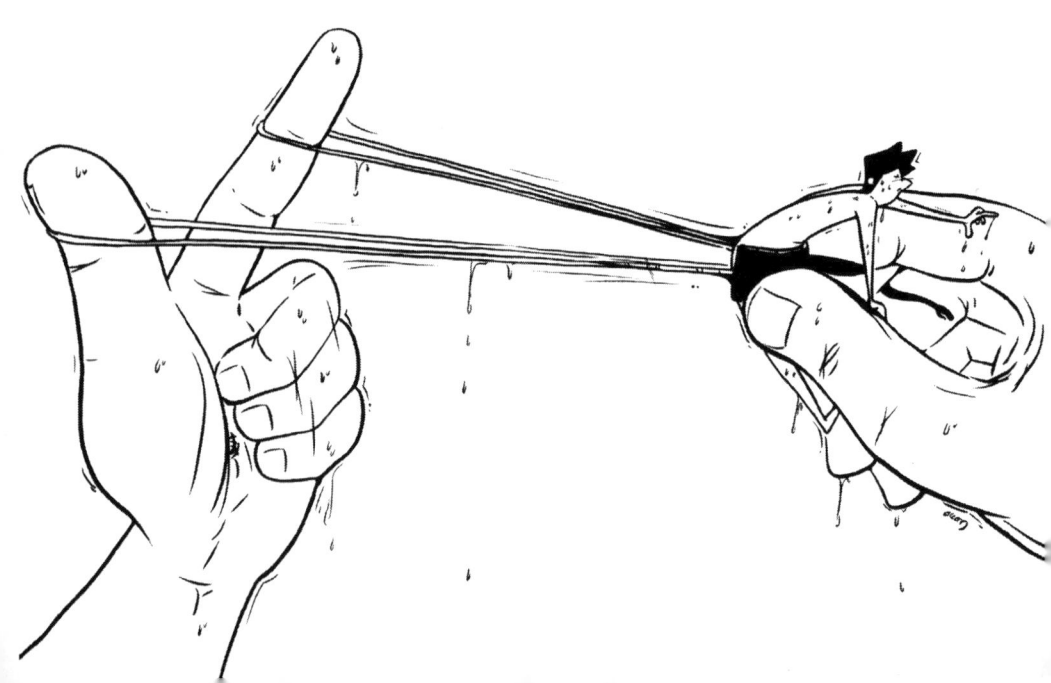

Here&Now를
사랑하라 [36]

귀여운 뚱보 팬더가 무예의 고수가 되어 벌이는 모험담을 담은 애니메이션 〈쿵푸 팬더〉에서 주인공 포는 쿵푸의 'ㅋ'자도 모르는 자신이 최강의 적과 싸울 전사로 선택되었고, 그 때문에 쿵푸 역사상 전무후무한 오점을 남기게 되었다며 좌절에 빠집니다. 이때 늙은 거북 우그웨이 사부가 이렇게 말합니다.

"옛말에 이런 게 있지. 어제는 역사이고 내일은 신비다. 하지만 오늘은 선물이다. 그래서 우리는 현재를 선물이라고 부른다"(There's a saying. Yesterday is HISTORY, tomorrow is MYSTERY. But today is GIFT. That is why it is called the PRESENT).

이 말이 무슨 뜻입니까? 지나간 과거는 돌이킬 수 없고 다가올 미래는 어떻게 될지 알 수 없으니, **선물처럼 주어진 현재에 최선을 다하라**는 의미입니다. 그래서 예수님도 이렇게 말씀하십니다.

> 그러므로 내일 일을 위하여 염려하지 말라 내일 일은 내일이 염려할 것이요 한 날의 괴로움은 그날로 족하니라 마 6:34

하나님이 주시는 대로 '하루'를 살라고 하십니다. '하루씩' 살라고 하십니다. 지금 이 자리(Here&Now)가 중요하다는 말입니다. 우리의 삶은 과거나 미래에 있지 않습니다. 하나님이 주시는 하루인 오늘이 바로 우리의 삶입니다.

'몰입'으로 잘 알려진 심리학자 미하이 칙센트미하이(Mihaly Csikszentmihalyi) 박사는 《몰입의 즐거움》이라는 책에서, 정상에 오를 때 한 걸음 한 걸음 내딛는 과정을 즐기면 훨씬 더 쉽게 정상에 오를 수 있다고 말합니다. 인생의 위기를 이겨 내는 것도 이와 비슷한 것 같습니다. 위기 속에서 용수철처럼 튀어 오르는 것은 단번의 결과보다 지속적인 과정에 가깝습니다. 아무리 힘들고 어려운 일이 닥치더라도, 그날 하루 만큼씩만 괴로워할 수 있다면 우리는 살아갈 수 있습니다. 괴로움을 이길 힘이 있어서 지금 이 자리에 집중하는 것이 아니라, 지금 이 자리에 집중한 덕분에 괴로움을 이길 힘이 생기는 것입니다. 그러므로 위기 앞에서 용수철처럼 튀어 오르는 것은 지금 이 자리의 현실을 사랑할 줄 아는 사람의 몫입니다.

가랑비에 옷 젖듯
인생을 적시는 순간들도
작고 소소한 일상입니다.

결국 '오늘' 그리고 '이곳'이
내게 주어진 선물입니다.

미래를
밝은 색으로 칠하라 [37]

애굽을 떠나 가나안의 문턱까지 도착한 모세와 이스라엘 백성은 12명을 선발해서 정탐꾼으로 들여보냅니다. 그리고 40일이 흘러, 가나안 땅에 대한 정밀 조사를 마친 정탐꾼들이 돌아옵니다. 그들 모두 입을 모아 그 땅이 얼마나 기름지며 살기 좋은 땅인지 칭찬했습니다. 하지만 '우리가 그 땅을 취할 수 있는가?'라는 질문에서는 의견이 둘로 나뉘기 시작합니다.

12명 중 단 2명, 여호수아와 갈렙만이 가나안과 싸워 이길 수 있다고 주장했습니다.

> 갈렙이 모세 앞에서 백성을 조용하게 하고 이르되 우리가 곧 올라가서 그 땅을 취하자 능히 이기리라 하나 민 13:30

여호수아와 갈렙은 자신들의 미래를 '승리와 하나님 약속의 성취'로 그렸습니다. 하지만 나머지 10명의 정탐꾼의 생각은 전혀 달랐습니다.

> 그와 함께 올라갔던 사람들은 이르되 우리는 능히 올라가서 그 백성을 치지 못하리라 그들은 우리보다 강하니라 하고 민 13:31

다른 10명은 '패배'로 얼룩진 미래를 바라봅니다. 하나님이 약속하신 가나안을 보기는 했지만, 앞으로 일어날 일들이 두렵기만 합니다. 도전해 보고 싶은 마음이 일어나야 앞으로 나아갈 텐데, 그저 낙심하고 절망할 뿐입니다.

인생의 위기 앞에서 용수철처럼 튀어 오르려면, 미래를 긍정적이고 낙관적으로 바라봐야 합니다. 잘 되기를 바라며 믿어야 합니다. 망할 거라고 생각하면 안 됩니다. 실패할 것을 바라보면 안 됩니다. 그렇게 하면 아무런 기대와 희망이 없습니다.

부정적인 보고 앞에 이스라엘 백성이 어떻게 반응하는지 보십시오. 하나님은 가서 그 땅을 취하라고 하시는데 "거기 가면 우리 모두 죽을 거야. 차라리 이제라도 애굽으로 돌아가자!"라고 합니다. 할 수 없다는 겁니다. 망할 거라는 겁니다. 희망이 없다는 겁니다. 더 볼 것도 없다는 겁니다. 이때 열두 정탐꾼 중에서 유일하게 긍정적인 관점을 가졌던 여호수아와 갈렙이 뭐라고 말합니까?

> 이스라엘 자손의 온 회중에게 말하여 이르되 우리가 두루 다니며 정탐한 땅은 심히 아름다운 땅이라 여호와께서 우리를 기뻐하시면 우리를 그 땅으로 인도하여 들이시고 그 땅을 우리에게 주시리라 이는 과연 젖과 꿀이 흐르는 땅이니라 다만 여호와를 거역하지는 말라 또 그 땅 백성을 두려워하지 말라 그들은 우리의 먹이라 그들의 보호자는 그들에게서 떠났고 여호와는 우리와 함께하시느니라 그들을 두려워하지 말라 하나 민 14:7-9

그들이 뭐라고 말하고 있습니까? 죽지 않을 거라고 합니다. 이길 거라고 말합니다. 자신들을 향한 하나님의 약속이 성취될 거라고 말합니다.

하나님이 베푸신 놀라운 이적과 기사로 애굽에서 탈출했지만 이스라엘 백성은 여전히 미래를 두려워했습니다. 불안해했습니다. 그러나 '전능자의 약속'이라는 관점에서 미래를 밝고 긍정적으로 바라본 여호수아와 갈렙에게 하나님이 뭐라고 말씀하십니까?

> 그러나 내 종 갈렙은 그 마음이 그들과 달라서 나를 온전히 따랐은즉 그가 갔던 땅으로 내가 그를 인도하여 들이리니 그의 자손이 그 땅을 차지하리라 민 14:24

가나안 땅에 들어가는 것은 전적으로 하나님의 몫입니다. 그곳에 누가 살고 있든 상관없이 가나안 입국과 출국의 주관자는 하나님 한 분뿐입니다. 보이는 것으로만 비교하면 이스라엘의 가나안 공략은 무모한 짓입니다. 그러나 개인이든 민족이든 국가든 역사와 미래는 하나님의 손에 달려 있습니다.

중요한 것은 현재의 상황과 조건으로 미래를 그리지 말아야 한다는 것입니다. 하나님이 우리를 사랑하고 함께하며 인도하겠다고 말씀하십니다. 그렇다면 더는 낙담하거나 절망하지 않기로 결정해야 합니다. "내겐 능력이 없어. 나는 건강이 좋지 않아. 내겐 돈이 없어. 나는 지혜롭지 못해"라며 온통 어둡고 부정적인 색깔로 미래를 가둬 놓지 말아야 합니다.

미래는 조건이나 상황, 환경이 아니라 사명을 따라 선택해야 합니다. 미래는 자기의 유익이나 욕망이 아니라 주님이 말씀하신 바를 따라 살아갈 때 열립니다. 자신의 행복이 아니라 하나님이 주신 사명을 따라 살아가십시오. 그럴 때 하나님이 우리에게 주시는 상급과 축복이 진정한 행복입니다.

너희를 향한 나의 생각을 내가 아나니
평안이요 재앙이 아니니라
너희에게 미래와 희망을 주는 것이니라.
렘 29:11

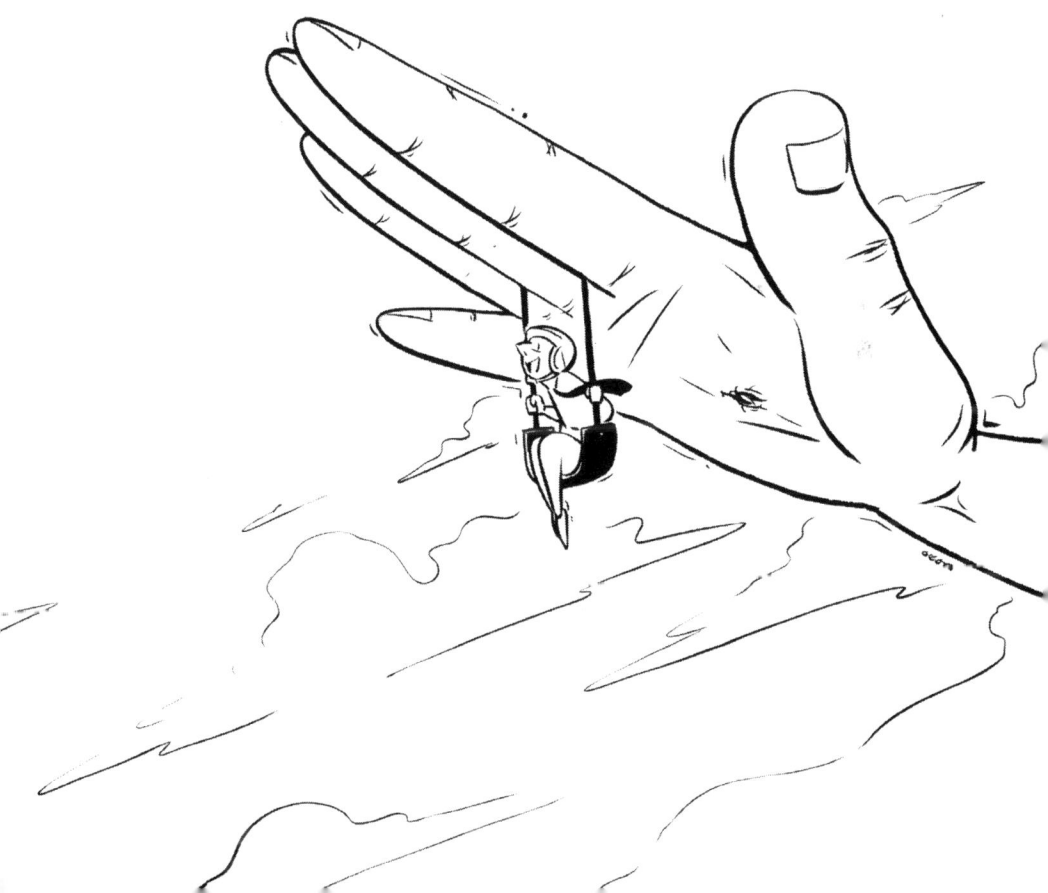

천천히 가도,
잠깐 쉬었다 가도 괜찮다 [38]

여호수아서를 읽다 보면 자주 언급되는 지명이 하나 있습니다. 바로 길갈입니다. 길갈은 가나안 정복 전쟁의 베이스캠프와도 같은 곳입니다. 전투를 벌인 뒤나 큰일이 있은 후에 여호수아와 이스라엘 백성은 반드시 이곳으로 돌아가 시간을 보냈습니다.

가나안 정복 전쟁은 그곳에 아무런 연고가 없는 떠돌이 민족 이스라엘이 그곳의 터줏대감 정착민들을 몰아내는 싸움이었습니다. 승리를 거두었다고는 해도, 늘 한곳으로만 그렇게 돌아가면 누군가 습격해 오기 쉽습니다. 더구나 전쟁이 길어질수록 불리해지는 것은 보급 물자나 지원군이 없는 떠돌이 이스라엘 민족이기 때문에, 그들은 가능하면 쉴 새 없이 밀어붙여 가나안 정복 전쟁을 하루빨리 끝마쳐야 마땅합니다. 그럼에도 여호수아는 늘 백성을 이끌고서 길갈로 돌아갔습니다. 그는 왜 이렇게 여유를 부렸을까요? 백성을 닦달해서라도 최대한 빨리 목표를 달성해야 하지 않을까요?

현대 사회는 우리에게 많은 목표를 제시합니다. 성공해야 한다고 말하고, 인정받아야 한다고 말하며, 경쟁에서 이겨야 한다고 말합니다. 시간과 에너지, 재능, 역량을 있는 힘껏 쏟아 부어 목표를 빨리 이루라며 몰아붙입니다. 어영부영 하다가는 비참한 낙오자 신세가 될 거라고 위협합니다. 그래서 우리는 늘 바쁘게 살아갑니다. 하지만 그렇게 세상이 시키는 대로, 남들 하는 대로 따라 살다 보면, 많은 것을 놓치게 됩니다. 내가 누구인지, 무엇을 위해 살고 있는지, 지금 어디로 가고 있는지는 생각해 볼 여유도 없이 다람쥐 쳇바퀴 도는 것처럼 살게 됩니다. 설사 생각해 본다 한들 맹렬하게 돌아가는 쳇바퀴를 멈출 용기도 없습니다.

길갈은 여리고 동쪽에 있는 곳으로, 여호수아와 이스라엘 백성이 결코 잊지 못할 추억의 장소입니다. 요단강을 건널 때 그들은 강바닥에서 각 지파별로, 즉 12개의 돌을 가져와 기념비를 세웠습니다. 요단강을 건넌 뒤 이곳에서 맨 처음으로 진을 쳤고, 여리고 성 전투를 앞두고 고민하다 여호와의 군대 대장에게 격려받았으며, 광야에서 지키지 못했던 유월절 절기를 처음으로 지켰고, 하나님의 언약 백성임을 표시하는 할례를 받았습니다. 또한 광야 생활 40년 동안 먹었던 만나의 공급이 멈추고 처음으로 땅의 소산을 먹은 곳이기도 합니다.

아이 성 전투에서 승리한 뒤에 여호수아는 길갈에 머물렀습니다. 기브온 사람들이 이스라엘과 조약을 맺으려 할 때도 이스라엘은 길갈에 있었습니다. 가나안 남부 동맹과 일전을 치른 뒤에도 길갈로 돌아왔습니다. 도대체 여호수아와 이스라엘 백성은 길갈에서 무엇을 한 것일까요? 생각해 보십시오. 그들은 여유를 부릴 입장이 전혀 아닙니다. 그런데 왜 때마다 일마다 길갈로 돌아와 '멈춰' 있었을까요?

성경학자들은 이스라엘 백성이 길갈에서 휴식을 취하고 상처를 치료하며, 물자를 공급받아 그다음 단계로 나아갈 힘을 얻었을 거라고 말합니다. **길갈은 이스라엘의 재충전 센터였습니다.** 이곳에서 그들은 피곤하고 지친 몸과 마음을 회복했으며, 당면한 문제의 해결책을 모색했습니다. 하지만 그것이 '길갈 멈춤(pause)'의 전부는 아니었던 듯합니다.

무엇보다 이스라엘 백성은 길갈에서 심신과 물자보다 더 중요한 것을 재충전했습니다. 길갈에서 그들은 바로 자신들이 누구인지, 지금 왜 이렇게 살고 있는지, 지금 어디로 가고 있는 것인지 끊임없이 기억하고 고백하며 마음판에 새기는 작업을 했을 겁니다.

그들은 여리고 성이라는 강적을 눈앞에 두고 감행했던 할례 장소에서, 피비린내 나는 전쟁으로 잃어버리기 쉬운 '하나님 백성'이라는 정체성을 붙잡았습니다. 요단강을 걸어서 건너고 여호와의 군대 대장을 만난 장소에서, 하나님의 백성이 해야 할 싸움이 어떤 것인지 되새겼습니다. 유월절 절기를 다시 시작하고 만나 대신 땅의 소산을 먹기 시작한 장소에서, 하나님의 백성이 살아야 할 삶의 방식을 생각했습니다. 이스라엘에게 길갈은 개인과 공동체의 분기점과 전환점이 되는 장소였습니다. 과거를 통해 현재의 책임과 방향, 미래의 비전까지 내다볼 수 있던 장소였던 것입니다. 이 때문에 여호수아와 이스라엘 백성은 계속해서 길갈로 돌아온 것입니다.

우리에게도 하나님 앞에서 자신의 정체성과 삶의 목표, 나아갈 방향을 놓고 고민하며 성찰하는 '길갈 멈춤'의 시간이 필요합니다. 특히 인생의 위기 속에서 용수철처럼 튀어 오르고 싶다면, 더욱 그래야 합니다.

그럴 시간이 없어 보이니 서둘러 달려가고 싶은 맘이야 굴뚝같겠지만, 길갈로 돌아가는 것이라면 다른 사람보다 천천히 가고 잠깐 쉬었다 가도 괜찮습니다. 오히려 그것이 위기 속에서 길을 찾고 달려가게 할 힘과 에너지의 근원이 될 것입니다.

참된 쉼은 하나님 안에만 있습니다.

그 쉼을 누릴 줄 아는 사람은
결코 지치지 않습니다.

자신의 감정을
이해하라 [39]

크고 작은 인생의 위기들은 종종 우리에게 상실감을 안겨 줍니다. 이때 상실감은 성격뿐만 아니라 실제적인 행동까지 바꿔 놓습니다. 그래서 전문 상담가들은 상실감을 어떻게 극복하느냐에 따라 인생 자체가 달라진다고 이야기합니다.

출애굽 때부터 이스라엘을 인도해 온 모세가 세상을 떠났습니다(신 34:5-6). 가나안 땅을 코앞에 두고서 그만 이스라엘 백성은 지도자를 잃고 말았습니다. 지금까지와는 비교도 할 수 없을 만큼 힘든 정복 전쟁이 남아 있는데 말입니다. 그들은 어쩔 줄 몰라 하며, 자신들의 미래가 사라졌다는 충격에서 헤어나지 못합니다.

> 이스라엘 자손이 모압 평지에서 모세를 위하여 애곡하는 기간이 끝나도록 모세를 위하여 삼십 일을 애곡하니라 신 34:8

이스라엘이 한데 모여 모세의 죽음을 슬퍼합니다. 이렇게 유약해서야 어떻게 모세 없이 가나안을 정복하고 하나님의 약속을 성취하겠습니까?

그런데 여호수아서를 읽어 보면, 모세가 죽은 후 이스라엘 백성의 모습이 뭔가 달라졌다는 사실을 알 수 있습니다. 가나안 땅에 들어가기 위한 어렵고 힘든 일을 모두 감당해 가면서, 기어이 약속의 땅을 취한 것입니다. 함께 모여 운 것 말고는 한 일이 없는 그들이었는데, 어떻게 된 걸까요?

우리 같은 유교 문화권에서는 자신의 감정을 쉽게 드러내는 것을 달가워하지 않습니다. 특히 분노나 슬픔 같은 부정적인 감정에 대해서는 더욱 그렇습니다. 그래서 화나 눈물을 꾹꾹 참아 가면서, 마음속에 눌러 담는 것에 익숙합니다. 하지만 **상실감을 해결하는 데 가장 좋은 약은 '그대로 표현하는 것'**입니다. 울고 슬퍼하는 것을 통해 상실감이 해소됩니다. 태풍 덕분에 바닷물이 정화되는 것처럼 상실감은 내면에 가라앉아 있던 어두운 감정을 표현하게 합니다. 내면에 쌓인 부정적인 감정은 이런 과정을 통해서만 사라집니다.

이스라엘 백성과 여호수아가 모세를 잃은 뒤에 다시 시작했을 뿐만 아니라 이전과 다른 삶을 살 수 있었던 것은 슬픔을 표현한 덕분입니다. 슬픔을 표현하는 것이 얼마나 중요한지 아는 사람은 인생의 위기에서도 찌부러지지 않고 다시 날아오를 수 있습니다. 그러므로 여러분 자신의 감정을 이해하십시오. **이해해야 표현할 수 있습니다. 그리고 표현해야 해결할 수 있습니다.** 부정적인 감정일수록 더욱 그렇습니다.

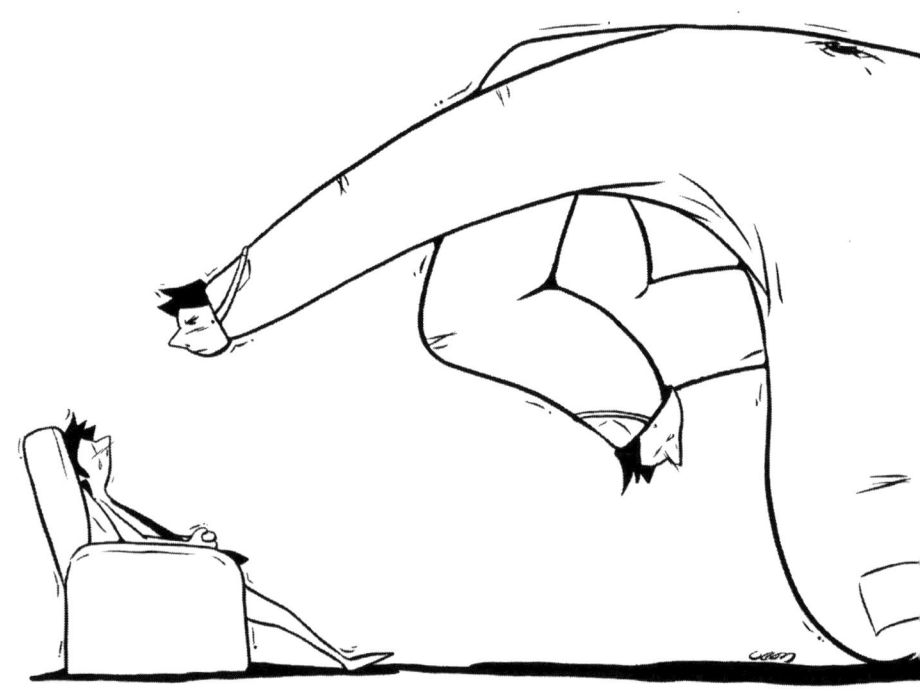

나는 참 우매한 사람입니다.
성령님이 깨닫게 해주시기 전까지는
내가 아파하고 있었다는 사실조차도
모르고 있었기 때문입니다.

기도하며 도움을 구하세요.
나조차 모르는 나의 마음을
성령님이 친히 가르쳐 주실 것입니다.

내가 누구인지
기억하라 [40]

애플의 아이폰이 세계를 뒤흔들기 이전에 세계의 휴대폰 시장을 주도했던 것은 핀란드의 다국적 기업 노키아였습니다. 그 당시의 휴대폰들은 소비자가 아니라 통신사의 필요에 최적화된 사양과 기능을 장착하고 있었습니다. 그런데 갑자기 앱스토어로 무장한 애플의 아이폰이 등장합니다. 그리고 우리가 다 아는 대로 아이폰이 전 세계 휴대폰 시장을 재편하기 시작합니다. 앱스토어에서는 누구나 자유롭게 자신의 애플리케이션을 소개하고 공유하며 판매할 수 있습니다. 그 덕분에 소비자들은 다양하고 새로운 세계를 경험할 수 있었고, 이에 애플은 휴대폰은 물론 스마트 기기 업계의 최대 강자로 올라서게 되었습니다. 이렇게 할 수 있었던 것은 애플이 남들이 하는 대로, 세상이 시키는 대로 따라가지 않고 '자기 자신'의 게임을 했기 때문입니다.

사무엘상 17장에는 왕정국가 초기의 이스라엘과 침략자 블레셋이 맞붙었던 장면이 기록되어 있습니다. 그런데 이스라엘 군대의 눈앞에 블레셋의 거인 장수 골리앗이 나타납니다. 그는 이스라엘의 하나님을 조롱하며 싸움을 겁니다. 전쟁의 승패를 걸고 일대일로 대결하자는 겁니다.

이때 소년 다윗이 우연히 이 장면을 목격합니다. 이방인 장수가 저토록 하나님을 조롱하는데 그분을 따르는 이스라엘의 군병들이 겁에 질려 숨어 있다니! 의로운 분노를 품은 다윗은 자신이 골리앗과 싸우겠다고 자원합니다. 사울 왕은 다윗의 요청을 수락하고, 당시 최고의 재료와 기술력으로 만든 자신의 무기와 갑옷을 주었습니다.

> 이에 사울이 자기 군복을 다윗에게 입히고 놋 투구를 그의 머리에 씌우고 또 그에게 갑옷을 입히매 다윗이 칼을 군복 위에 차고는 익숙하지 못하므로 시험적으로 걸어 보다가 사울에게 말하되 익숙하지 못하니 이것을 입고 가지 못하겠나이다 하고 곧 벗고 손에 막대기를 가지고 시내에서 매끄러운 돌 다섯을 골라서 자기 목자의 제구 곧 주머니에 넣고 손에 물매를 가지고 블레셋 사람에게로 나아가니라 삼상 17:38-40

하지만 갑옷을 입어 본 적도, 무기를 사용해 본 적도 없던 다윗은 그것을 거절합니다. 왜 그랬을까요? 목숨을 걸고 적과 맞붙어야 하는 상황에서, 최고의 공격과 방어 수단을 갖춰야 정상이 아닙니까? 지금 다윗이 상대할 사람이 누구입니까? 어렸을 때부터 싸움터에서 사느라 잔뼈가 굵은 거인 장수 골리앗입니다. 그런데 어떻게 그토록 담대하게 사울의 갑옷을 벗어 던질 수 있었을까요?

다윗은 자신이 누구인지 알고 있었습니다. 그는 목자입니다. 어렸을 때부터 양을 돌보며 살았습니다. 그러니 갑자기 갑옷을 입고 칼을 휘두르는 전사가 될 수는 없는 노릇입니다. 하나님이 그의 마음에 감동을 주셔서 전투에 뛰어들기는 했지만, 그렇다고 해서 자기 자신이 아닌 다른 누군가가 될 수는 없었습니다. 그래서 다윗은 사울 왕의 갑옷과 칼 대신, 그에게 평소 익숙했던 무기와 그가 경험해 온 하나님을 붙들기로 합니다. 그는 자신이 가장 편하게 사용할 수 있는 것, 즉 물매와 다섯 개의 돌멩이를 챙겨 들고 골리앗 앞으로 나아갑니다.

인생에 찾아오는 대부분의 위기는 돈과 명성, 지위, 건강, 관계 등 우리가 사랑하고 추구하는 것들 가운데 찾아옵니다. 그래서 우리는 이전과 동일한 방법으로 더 빠르고 더 많은 것을 추구하여 문제를 해결하려고 합니다. 다윗의 물맷돌 대신 사울의 갑옷을 선택하는 것입니다. 사울의 갑옷을 선택한다는 것은 남들 하는 대로, 세상이 원하는 대로 따라 살며 인간적이고 세상적인 수단을 전폭적으로 의지하겠다는 것입니다. 그런데 문제는 우리가 인생의 위기를 극복하기 위해 주로 선택하는 것이 바로 이러한 사울의 갑옷들이라는 것입니다. 자신에게 맞지 않을 뿐만 아니라 의지하지 말아야 할 것으로 문제를 해결하려고 하니 제대로 될 리가 없습니다.

반면 다윗의 물맷돌은 **부족하고 미약해도 자신이 믿고 추구하는 바를 따르는 것을** 의미합니다. 또한 다윗이 그랬던 것처럼 자신이 만나고 체험한 **하나님을 의지하고 신뢰하는 것을** 말합니다.

다윗이 가진 것은 물매와 다섯 개의 돌멩이뿐이었습니다. 그가 골리앗과 맞서기 위해 챙겨 든 무기는 이것들뿐이었습니다. 다윗은 정말로 물맷돌로 골리앗을 쓰러뜨릴 수 있다고 생각했을까요? 골리앗의 급소를 정확하게 맞출 능력이 있고 그를 한 방에 쓰러뜨릴 수 있는 팔심이 있어서 승산이 높다고 여겼을까요? 다윗이 골리앗 앞에서 한 말을 보면 그렇지는 않은 것 같습니다.

> 너는 칼과 창과 단창으로 내게 나아오거니와 나는 만군의 여호와의 이름 곧 네가 모욕하는 이스라엘 군대의 하나님의 이름으로 네게 나아가노라 삼상 17:45

다윗에게 있어 골리앗과의 싸움은 물리적이고 신체적인 것이 아니었습니다. 영적인 것이었습니다. "너는 네 힘과 네가 자랑하는 전사의 무기를 갖고 나왔지? 나는 나에게 익숙한 목자의 도구를 갖고 나왔어. 하지만 나는 내 것을 의지하지도, 네 것을 두려워하지도 않아. 나는 지금까지 나와 동행하셨고 내 인생에 놀랍게 역사하셨던 하나님, 네가 지금 모욕한 이스라엘의 하나님만 의지해. 난 그분의 이름을 붙잡고 너랑 싸울 거야. 그분이 너 따위에게 질 리가 없어!"

이것이 바로 다윗의 물맷돌을 선택하는 것입니다. 결국 하나님은 골리앗을 쓰러뜨리시고 목자 다윗과 이스라엘에 승리를 안겨주십니다. 다윗의 싸움은 (비록 연약하고 부족해도) 인생의 위기 앞에서 자신이 누구인지 기억하는 것이 얼마나 중요한지 보여 주는 좋은 예입니다. 하나님의 은혜로 살아온 나, 그리고 나를 나 되게 하신 하나님을 기억할 때 골리앗과 같은 인생의 위기를 뛰어넘어 달려갈 수 있습니다. 다윗은 그렇게 했습니다. 그리고 하나님의 섭리 가운데 내가 누구인지 기억할 때 우리도 그렇게 할 수 있습니다.

당신은 하나님께 이런 사람입니다.

Part.005

위기에도 튀어 오르는
세 번째 용수철, 건강한 관계

다른 이들과
함께 살아가는 것이
힘이다 [41]

사사기 1장은 지도자 여호수아가 죽은 뒤 이스라엘의 상황을 보여 줍니다.

그런데 애석하게도 대부분 지파는 분배받은 땅의 일부만을 점령하고 있을 따름입니다. 그 땅에는 여전히 가나안 사람들이 살고 있었고, 심지어 일부 지파는 추방당한 상태입니다(삿 1:34). 왜 이런 일이 벌어진 걸까요?

요단강을 건널 때만 해도 **이스라엘은 신앙으로 튼튼하게 결속된 공동체였습니다**. 여리고 성, 아이 성 등 계속해서 승리를 거뒀습니다. 하나님이 주신 약속의 땅을 하나둘 차지해 나가는 가운데 그들은 그동안 꿈꿔 왔던 하나님 나라를 이룰 날이 얼마 남지 않았다고 생각했습니다. 하지만 조금씩 땅을 차지해 가면서 그들은 지파별로 움직이게 되었고, 이스라엘의 연합에도 금이 가기 시작했습니다.

공동의 목표가 아닌 각자의 몫에 집중하게 되면서, 여리고 성을 함께 돌고 아이 성의 패배를 함께 이겨 내던 공동체성을 잃어버리게 되었습니다. 근본 없는 떠돌이 신세였음에도 서로 격려하며 함께 약속의 땅을 향해 전진해 나아온 그들이었는데, 이제는 그러한 소통과 연합의 관계가 희미해져 버렸습니다. 그래서 가나안 정복 전쟁이 흐지부지되고 말았습니다.

물론 그들은 더는 정복 전쟁을 벌이지 않고도 지금까지 점령한 땅에서 살 수 있었습니다. 미처 쫓아내지 못한 가나안 사람들과 대충 섞여 살아도 됩니다. 하지만 그것은 하나님의 뜻이 아닙니다. 여호수아도 죽고 지파별로 흩어진 상황이긴 했지만, 이스라엘에게는 정복할 땅이 여전히 남아 있었습니다. 이는 오직 **이스라엘이 하나 됨을 회복할 때에만 가능한 일이었습니다.**

이제 이스라엘은 가나안 정복 전쟁을 계속하려 합니다. 그래서 하나님께 나아가 어느 지파가 가나안과 먼저 싸울지 묻습니다. 이때 하나님은 유다 지파를 선택하십니다.

> 여호수아가 죽은 후에 이스라엘 자손이 여호와께 여쭈어 이르되 우리 가운데 누가 먼저 올라가서 가나안 족속과 싸우리이까 여호와께서 이르시되 유다가 올라갈지니라 보라 내가 이 땅을 그의 손에 넘겨주었노라 하시니라 삿 1:1-2

하나님은 이스라엘이 하나의 공동체로 가나안을 정복하기 원하셨지만, 이제 지파별로 흩어진 상황에서 각자 싸우도록 허락하십니다. 그래서 유다 지파에게 승리를 약속하십니다. 왜 유다 지파였을까요?

유다가 어떤 지파인 줄 압니까? 이스라엘이 전쟁을 벌일 때면 항상 앞장서서 승리를 주도했던 지파입니다. 영적인 지경을 넓히는 데 가장 탁월한 지파였습니다. 싸움에서 이기는 것뿐 아니라 그 땅을 정복하게 하신 하나님의 뜻과 섭리를 증거하고 나타냈던 지파였습니다. 그래서 유다 지파는 이 전쟁의 승패가 **무력이나 전략이 아니라 공동체성에 달려 있음을** 알았던 것 같습니다.

> **유다가 그의 형제 시므온에게 이르되 내가 제비 뽑아 얻은 땅에 나와 함께 올라가서 가나안 족속과 싸우자 그리하면 나도 네가 제비 뽑아 얻은 땅에 함께 가리라 하니 이에 시므온이 그와 함께 가니라** 삿 1:3

그래서 유다는 하나님이 이미 승리를 보장하셨음에도 다른 지파에게 도움을 요청합니다. 바로 시므온 지파에게 말입니다. 유다 지파는 그들의 싸움이 영적 전쟁인 줄 알았고, 그 전쟁의 열쇠는 연합과 하나 됨에 있음을 알았습니다. 믿음 안에서 서로 일치를 이루고 자신의 이익이 아니라 서로의 유익을 위해 싸워야만 승리할 수 있음을 알았습니다. 그래서 시므온 지파에게 먼저 도움을 요청한 것입니다. 왜 하필이면 시므온 지파에게 도움을 청했을까요? 같은 어머니 배에서 나온 형제이긴 하지만, 시므온은 열두 지파 중에서도 가장 약한 지파였는데 말입니다. 오히려 시므온 지파는 도움은커녕 방해만 될 수 있었는데 말입니다.

그러나 유다 지파는 하나 됨을 향한 하나님의 마음을 잘 알고 있었습니다. 그래서 하나님이 따로 시키신 일이 아님에도 기꺼이 시므온 지파에게 손을 내밀었습니다. 아마 하나님은 유다 지파가 이렇게 행하리란 사실을 알고 계시지 않았을까요? 그래서 제일 먼저 그들을 세워 이스라엘 가운데 본이 되게 하신 것이 아닐까요?

이 이야기는 우리에게 공동체가 얼마나 중요한지 말해 줍니다. 위기 속에서 용수철처럼 튀어 오르려면, 믿음이 필수적입니다. 이 믿음은 여러 사람이 서로 격려하고 세우고 돕는 환경 속에서 자라며 열매 맺습니다. 그래서 **혼자서는 할 수 없을 일도 공동체가 함께하면 할 수 있게 되는 것입니다.**

지금 인생의 위기 앞에 서 있다면, 주변을 둘러보십시오. 여러분과 함께해 줄 공동체를 찾으십시오. 위기 앞에서 용수철처럼 튀어 오를 때, 그들의 격려와 기도와 도움은 여러분의 상상 이상으로 강력한 힘이 되어 줄 것입니다. 이미 공동체에 속해 있다면, 더 깊이 있는 나눔을 하고 관계를 형성하는 데 여러분의 삶을 드리십시오. 다른 이들과 함께 살아가는 것이야말로 하나님이 여러분에게 주신 가장 강력한 능력입니다.

달리기를 좋아하시는 분들은 다 알 겁니다.
혼자 뛰는 것과 같이 뛰는 것이 다르다는 것을.

위기 앞에서
함께 싸워 주는
공동체의 힘 42

요즘 많은 사람이 성공의 필수 조건으로 인맥을 꼽습니다. 도움을 얻을 수 있는 유력한 사람들과 적극적으로 관계를 맺으라고 합니다. 특히 우리나라 사람들은 인맥, 즉 '아는 사람'의 영향을 많이 받습니다. 시설이나 기관의 도움을 받는 것에서부터 일상의 줄서기에 이르기까지, 연고가 있고 없고의 차이는 실로 엄청납니다. 인생 자체가 끊임없는 만남의 연속이니 당연한 일인지도 모르겠습니다만, 그럼에도 우리가 진정으로 추구해야 할 관계는 따로 있는 것 같습니다.

최초의 이방인 선교사로 부르심 받은 사도 바울은 수많은 고난과 싸우며 치열하게 복음을 전했습니다. 기독교인과 유대주의자, 그리고 이방인들 모두 그를 오해하며 핍박했습니다. 전도하다 붙들려 감옥에 갇히고, 풀려나서 하나님의 말씀을 전하다가 고소를 당하고, 그래서 늘 다른 곳으로 도망치는 신세였습니다.

그러나 사도 바울은 그러한 압박과 공격 속에서도 용수철처럼 튀어 오르는 사람이었습니다.

우리가 사방으로 우겨쌈을 당하여도 싸이지 아니하며 답답한 일을 당하여도 낙심하지 아

니하며 박해를 받아도 버린 바 되지 아니하며 거꾸러뜨림을 당하여도 망하지 아니하고
고후 4:8-9

어떻게 그럴 수 있었을까요? 가장 큰 이유는 예수 그리스도를 만나 구원받고 그분의 생명을 품었기 때문일 것입니다. 하지만 그뿐만이 아닙니다. 그가 위기 속에서도 찌부러지지 않은 데에는 또 하나의 커다란 이유가 있습니다.

실패만을 거듭하던 사도 바울이 고린도 지역에 도착합니다. 사역의 성과는커녕 거의 죽을 고생만 하다 도착한 곳이었습니다. 고린도는 항구를 통한 상업이 발달했던 탓에 부유한 동네였지만, 타락과 우상숭배에 빠져 있는 문란한 도시였습니다. 핍박을 피해 왔는데 하필이면 그런 곳에 도착한 것입니다.

그는 지쳤고 피곤했으며 재정도 바닥난 상태였습니다. 이쯤 되면 '더는 정말 못해 먹겠다'라며 다 포기하고 집으로 돌아갈 수 있습니다. '나 혼자 뭘 어떻게 하라는 겁니까?'라며 하나님께 등을 돌릴 수도 있습니다. 하지만 사도 바울은 그렇게 하지 않았습니다. 어떻게 그럴 수 있었을까요? 비결은 단 하나, '**동역자**'였습니다.

그는 바로 이곳에서 그의 평생의 친구이며 동료가 될 브리스길라와 아굴라 부부를 만납니다. 그들은 로마에서 추방당해서 고린도로 도망 온 유대인입니다. 사도 바울처럼 고난과 핍박의 상처를 지닌 사람들이었습니다. 그들은 바울을 따뜻하게 맞이하며 친구가 되어 주었습니다. 삶의 모든 것을 로마에 두고 떠나와야 했던 브리스길라와 아굴라 부부는 고린도에서 처음부터 다시 시작했습니다. 엄청난 낙심 가운데 있었지만, 절대로 포기하지 않았습니다.

바울은 그들에게 예수 그리스도를 전했습니다. 그리고 브리스길라와 아굴

라 부부는 지치고 실망한 사도 바울에게 다시 시작할 힘과 용기를 주었을 것입니다.

세상은 이기적인 목적을 위해 인맥을 사용하라고 말합니다. 사실 이것은 사용이 아니라 '이용'입니다. 심지어 일부는 그것을 '악용'하기도 하지요. 하지만 인생의 위기를 이겨 내도록 도와주는 **참된 인간관계는 자신의 가장 좋은 것을 함께 나누고, 힘들고 어려울 때 곁에 있어 주는 것입니다.** 그것이 바로 함께 싸워 주는 공동체의 힘입니다.

인생의 위기 앞에 혼자 서 있지 마십시오. 혼자 힘으로 버티려고 애쓰며 수고하지 마십시오. 여러분의 아픔에 함께해 줄 공동체를 찾으십시오. 그리고 여러분도 다른 이들의 아픔을 함께 짊어질 수 있도록 공동체에 참여하십시오. **공동체, 그것이 바로 하나님과 함께 날아오르는 힘과 능력입니다.**

함께 싸우면 더 빨리 방법을 찾게 됩니다.

위기 체험을 나누면
힘이 된다 [43]

헤롤스 쿠스너의 《왜 착한 사람에게 나쁜 일이 일어날까?》라는 책을 보면, 이런 이야기가 나옵니다.

갑작스러운 사고로 사랑하는 아들을 잃은 여인이 있었습니다. 도저히 아들의 죽음을 받아들일 수 없었던 여인은 성자(聖者)를 찾아가 매달렸습니다. "제 아들을 살려 주세요. 그렇게만 해주신다면, 뭐든 하겠습니다."

하지만 성자라고 한들 그런 일이 가능할 리 없었습니다. "사정은 딱하나, 죽은 사람을 살려 낼 방법은 없습니다."

그럼에도 여인은 계속 매달리며 애원했습니다. 그러자 성자는 **태어나서 지금까지 한 번도 슬픔을 겪어 보지 않은 사람**을 찾아, 그에게서 마법의 겨자씨를 받아오면 아들을 살릴 수 있다고 말해 주었습니다.

여인은 곧바로 길을 떠났습니다. 한참을 가다 보니 큰 저택이 나타났습니다. '이렇게 멋지고 훌륭한 집에 사니까 슬픔 같은 건 겪어 본 적 없겠지?' 하고 생각한 여인은 집주인을 찾아가 자신의 사정을 말하고 간청했습니다. "부탁합니다. 이 집의 겨자씨 한 알만 나눠 주십시오."

하지만 집주인이 안타까운 표정으로 말합니다. "죄송하지만 저는 아주머니가 찾으시는 사람이 아닙니다." 집주인은 자신의 아픈 과거를 여인에게 털어놓았습니다. 들어 보니, 그 사람의 삶 역시 여인 못지않은 슬픔이 가득해 있었습니다. 오히려 여인이 위로해 주어야 할 정도였습니다.

계속해서 여인은 행복해 보이는 사람들을 찾아다녔지만, 슬픈 사연을 경험해 보지 못한 사람은 어디에도 없었습니다. 그리고 많은 사람과 아픈 속내를 주고받는 가운데 여인은 '이 세상에 슬픔을 겪지 않는 사람은 아무도 없구나'라고 깨닫게 되었습니다. 결국 여인은 슬픔을 이겨 내고, 새로운 삶을 살게 되었습니다.

'슬픔을 나누면 절반이 된다'는 말이 있습니다. 혼자 힘들어하기보다는 다른 사람과 나눌 때, 내면의 고통이 놀랍게 줄어들고 해결할 길이 보인다는 뜻입니다. 고난을 이겨 낸 다른 사람들의 이야기를 통해 위로를 받고 힘을 얻을 수 있다는 말입니다. 로마 감옥에 갇혀 있던 사도 바울도 그러했습니다. 비록 당사자들에게 직접 들은 것은 아니지만, 빌립보 교회 성도들이 고난과 시련 속에서도 예수 그리스도의 복음을 전하는 일에 조금도 꺾이지 않았다는 소식을 전해 들은 사도 바울은 몹시 감사해하며 기뻐합니다.

내가 너희를 생각할 때마다 나의 하나님께 감사하며 간구할 때마다 너희 무리를 위하여 기쁨으로 항상 간구함은 너희가 첫날부터 이제까지 복음을 위한 일에 참여하고 있기 때문이라 빌 1:3-5

그리고 사도 바울로 말미암아 로마 교회에도 같은 일이 벌어집니다. 감옥에 갇히는 것도 불사하며 복음을 위해 달려가는 그의 이야기를 전해 들은 많은 사람이 믿음의 도전을 받아 일어나, 전도하는 일에 담대히 나서게 된 것입니다.

> 형제들아 내가 당한 일이 도리어 복음 전파에 진전이 된 줄을 너희가 알기를 원하노라 이러므로 나의 매임이 그리스도 안에서 모든 시위대 안과 그 밖의 모든 사람에게 나타났으니 형제 중 다수가 나의 매임으로 말미암아 주 안에서 신뢰함으로 겁 없이 하나님의 말씀을 더욱 담대히 전하게 되었느니라 빌 1:12-14

이것이 바로 주변 사람들이나 공동체 안에서 아픔을 나눌 때 경험할 수 있는 은혜이자 능력입니다. 인생의 위기에서 아직 헤어나지 못했다 해도 괜찮습니다. 아무것도 달라진 것이 없어도 좋습니다. 지금 자신의 아픔을 있는 그대로 나누십시오. 그리고 다른 사람의 아픔에도 귀와 마음을 기울여 보십시오. 지금의 문제가 해결되든 그렇지 못하든 상관없이, 그 자체만으로도 위기 속에서 용수철처럼 튀어오를 힘과 용기를 얻을 것입니다. 그래서 사도 바울은 여전히 감옥에 갇힌 죄수의 신분이었음에도 하나님 앞에서 기쁨의 고백을 드릴 수 있었던 것입니다.

위기 체험을 나눈다고 해서 누군가의 위기가
바로 사라지는 것은 아닙니다.
하지만 당장 위급한 누군가에게
구명조끼를 던져 줄 수는 있습니다.

공동체 안의
성숙한 이들이
힘이 된다 [44]

한 서바이벌 오디션 프로그램에서 '멘토와 멘티'의 감동적인 관계를 보게 되었습니다. 기성 가수들이 멘토가 되고, 오디션 지원자들이 멘티가 되더군요. 멘토는 멘티를 무섭게 꾸짖기도 하고 매몰차게 대하기도 하지만, 어려운 성장 배경과 아픈 상처를 가진 멘티를 최선을 다해 세워 주고 그들의 가능성을 최대한 이끌어 냅니다. 그런 모습을 보면서 우리에게도 **따뜻한 이해와 배려로 이끌어 주는 멘토**가 있으면 좋겠다고 생각했습니다. 우리의 나이가 몇 살이든 상관없이 말이죠. 진정으로 그런 멘토를 원한다면 그 사람의 나이는 별로 중요하지 않을 것입니다.

고대 이집트를 통치하던 바로 왕에게는 그가 마실 술을 관리하는 신하가 있었습니다. '왕실 전속 바텐더'인 셈이죠. 현대인의 눈으로 볼 때는 별것 아닌 듯해 보이지만, 왕이 마실 술을 관리한다는 것은 왕의 최측근에서 그의 신임을 한 몸에 받는 '실세'라는 말입니다. 같은 직업을 갖고 있던 느헤미야가 이방인 왕의 마음을 움직여 무너진 예루살렘 성을 재건한 것을 놓고 봐도, 그 위치가 얼마나 대단한 자리였는지 알 수 있습니다.

그러던 어느 날, 바로 왕이 그 '실세'를 감옥에 처넣습니다. 정확한 이유야 알 수 없지만, 아마도 왕의 심기를 건드렸던 모양입니다. 왕의 마음마저 좌지우지할 수 있었던 사람이 하루아침에 언제 죽을지 모르는 죄수로 전락했습니다. 왕의 분이 풀리지 않으면 목이 잘릴 수밖에 없는 상황입니다.

높은 자리에서 다른 사람을 부리며 편하게 살아온 사람이 인간 대접 이하의 감옥에서 얼마나 힘들었을까요? 왕에 대한 배신감과 언제 죽을지 모른다는 공포로 거의 공황상태였을 것입니다. 아무도 그의 곁에 가려 하지 않았겠지요. 너무나 예민하고 까다로워서 간수들조차 그를 피했을 것입니다. 단 한 명만 빼고 말입니다. 그게 누구였을까요? 바로 요셉입니다. 형들의 손에 애굽의 노예로 팔려왔다가 강간범으로 몰려 재판도 받지 못한 채 지하 감옥에 갇힌 바로 그 요셉 말입니다(창 40:3).

그런데 모두 꺼리는 이 사람이 신기하게도 요셉에게는 마음을 열었습니다. 나이도 자기보다 한참 어린 요셉에게 꿈 이야기를 들려주면서 스스럼없이 자문을 구할 정도였습니다. 마치 멘토에게 지혜를 구하는 멘티처럼 말입니다. 왕 말고는 누구에게도 고개 숙이지 않고 살았을 사람이 어떻게 어린 이방인 죄수 따위에게 그런 걸 묻는단 말입니까?

요셉에게는 그 신하가 놀라워하고 따르고 싶게 만드는 것이 있었습니다. 첫 번째는 **요셉의 변함없는 성실함**입니다. 요셉은 맡은 일에 최선을 다했습니다. 성경은 요셉이 왕의 신하를 돌보기 위해 '아침에' 그를 찾아갔다고 기록하고 있습니다(창 40:6). 여기서 '아침'으로 번역된 히브리어의 원래 뜻은 '해 뜨기 전 이른 아침'입니다. 까다롭기 그지없는 사람들을 돌보기 위해 요셉이 어두컴컴한 새벽부터 움직였다는 말입니다. 그뿐만이 아닙니다. 표정만 보고도 심리 상태를 알아챌 정도로 그는 자기가 돌보는 이들에게 관심이 많았습니다. 여기서 우리가 잊지 말아야 할 것은, 요셉도 죄수의 몸이라는 사실입니다. 그 역시 힘들고 고통스러운 감옥 생활을 하고 있었습니다. 성경은 요셉의 발이 착고에 상하고 몸이 쇠사슬에 매였다고 말합니다(시 105:17-19). 그런데도 그는 맡겨진 일에 최선을 다했습니다. 기꺼이 남을 돕고 섬겼습니다. 술 맡은 신하도 요셉의 이 모습에 신뢰를 갖고 그를 의지하게 된 것입니다.

두 번째는 요셉의 긍정적인 태도였습니다. 술 맡은 신하도 그렇지만 요셉도 '한 호강'하며 편하게 살던 사람이었습니다. 그러다 남도 아닌 친형제들에게 노예로 팔리고 맙니다. 그럼에도 최선을 다해 열심히 살았건만, '강간범'이라는 말도 안 되는 (그리고 수치스럽기까지 한) 죄목으로 감옥에까지 들어가게 됩니다. 이쯤 되면 자기연민에 빠지거나 신세를 한탄하며 울고불고해도 누가 뭐라 할 수 없지 않습니까? 그러나 그는 아무 일도 없다는 듯이 긍정적으로 살아갔습니다. 이런 요셉을 통해 술 맡은 신하는 자기에게도 또 다른 기회가 찾아올 거라는 희망을 품었을지 모릅니다.

왕의 곁으로 돌아간 뒤에 요셉을 잊기는 했지만, 요셉이 아니었다면 그는 그때까지 견디지 못하고 삶을 포기했을지도 모릅니다. 이방인 노예에다 나이도 어렸지만, 자신보다 훨씬 더 성숙한 요셉을 멘토로 삼았기에 그는 감옥을 나가 이전의 자리를 회복할 수 있었습니다.

인생의 위기가 찾아올 때 공동체가 큰 힘이 되는 또 하나의 이유는, 바로 요셉과 같은 이들을 만날 수 있다는 것입니다. 지혜와 경험을 빌리고 격려와 도전을 받을 수 있는 성숙한 사람을 찾으십시오. 그들은 우리가 위기의 때를 버텨 내게 해줄 뿐만 아니라 용수철처럼 튀어 오를 기반이 되어 줄 것입니다.

성숙한 사람이란
함께 비를 맞아 주는 사람입니다.
그런 사람은 옆에만 있어도 힘이 됩니다.

남을 섬길 때
새 힘을 얻는다 [45]

한 청소년 사역자가 이렇게 말한 적이 있습니다. "요즘 십대들은 미래에 대한 꿈과 소망이 별로 없습니다. 비교를 당하고 경쟁을 해야만 하는 삶에 치여 사느라 다른 것을 돌아볼 여력이 없습니다. 그래서 대부분 정해진 길만 따라가면 된다는 맹목적 순종으로 일관하거나 제멋대로 살면서 쾌락과 즐거움을 따라 삽니다. 살아가는 이유도, 가야 할 방향도 없이 그저 남은 인생의 날짜만 하루하루 지우며 사는 거죠."

그런데 그분은 우연한 기회에 이런 십대들의 눈빛이 달라지는 것을 경험하게 되었다고 합니다. '비행 청소년' 몇 명을 데리고 장애인 시설에 들어가 그들을 섬기게 했는데, 시간이 갈수록 아이들의 태도가 변하기 시작하더라는 것입니다. "처음에는 다들 너무 힘들어했죠. 도망치려는 녀석도 있었고요. 그런데 다른 사람을 섬기다 보니, 아이들이 점점 자기 자신이 가치 있는 존재임을 깨닫기 시작하더군요. 이런 한심한 자신도 누군가에게 힘이 되고 도움이 될 수 있다는 사실에 눈을 뜨면서 삶에 대한 의욕이 생긴 겁니다. 사실 도움을 받은 건 장애인들이 아니라 우리였어요."

성경을 살펴보면 요셉만큼 계속되는 고난과 고통 속에서 산 사람이 별로 없습니다. 그에게는 부정적이고 비관적이고 절망적인 삶을 살 수밖에 없는 이유가 가득했습니다. 하지만 성경은 요셉이 그와 정반대의 삶을 살았음을 보여 줍니다. 어떻게 그럴 수 있었을까요?

그 비결은 바로 '섬김'입니다. 요셉은 어떤 상황에서든 다른 사람을 섬기며 살았습니다. 그것도 최선을 다해서 말입니다.

> 요셉이 그의 주인에게 은혜를 입어 섬기매 그가 요셉을 가정 총무로 삼고 자기의 소유를 다 그의 손에 위탁하니 창 39:4

그래서였을까요? 희한하게도 요셉을 만난 사람들은 모두 그에게 자신의 모든 것을 맡겼습니다.

> 간수장이 옥중 죄수를 다 요셉의 손에 맡기므로 그 제반 사무를 요셉이 처리하고 창 39:22

> 자기에게 있는 버금 수레에 그를 태우매 무리가 그의 앞에서 소리 지르기를 엎드리라 하더라 바로가 그에게 애굽 전국을 총리로 다스리게 하였더라 창 41:43

요셉은 자신이 맡은 바를 최선을 다해 섬겼습니다. 총리로 출세했을 때만 그런 것이 아닙니다. 애굽에 노예로 팔려오고 억울하게 감옥에 갇혔을 때도 동일하게 섬겼습니다.

어떻게 그럴 수 있었을까요? 그는 아무 생각 없는 바보였던 것일까요? 아닙니다. 그 역시 자신에게 일어난 일을 생각하면 하루에도 몇 번씩 가슴에서 천불이 일어났을지 모릅니다. 주인과 간수장에게 인정과 지지를 받았지만, 그래 봤자 노예와 죄수라는 사실에는 변함이 없었습니다. 하지만 요셉은 자기 내면을 들여다보며 자기 연민이나 분노에 빠지는 대신, 바깥으로 눈을 돌려 노예와 죄수의 몸으로도 할 수 있는 의미 있고 보람된 일을 찾은 것 같습니다. 그것이 바로 다른 사람을 섬기는 일이었습니다.

솔직히 우리는 뭔가 커다란 의미가 있거나 구체적인 보상이 있는 경우가 아니면 남을 섬기고 싶어 하지 않습니다. 게다가 요셉의 지금 처지를 생각해 보십시오. 자기 코가 석 자 아닙니까? 그런데도 요셉은 최선을 다해 다른 사람을 돌보며 섬겼습니다. 그는 대가를 바라지도, 자신의 섬김을 통해 뭔가를 계획하거나 추진하지도 않았습니다. 어쩌면 다른 사람의 사정과 필요에 집중함으로 내면의 고통을 잊고 싶어 했는지도 모르겠습니다.

하지만 하나님은 요셉이 다른 사람을 섬기기 위해 애쓰고 수고하는 것을 지켜보셨고, 그것을 통해 새로운 길을 준비하고 계셨습니다. 알고 보니 주인집 살림을 맡아 관리하던 노예 시절과 감옥에서 다양한 사람을 만나고 그들을 돌본 죄수 시절이 요셉에게 있어서 '총리 과외 수업'이 된 셈입니다. 예수님의 달란트 비유에서 주인은 열 달란트와 다섯 달란트를 받아 두 배의 이익을 남긴 하인들에게 이렇게 말합니다.

잘하였도다 착하고 충성된 종아 네가 적은 일에 충성하였으매 내가 많은 것을 네게 맡기리니 네 주인의 즐거움에 참여할지어다 하고 마 25:21

요셉도 마찬가지입니다. 주인집 일을 성실히 봐 주고 감옥의 살림을 챙기는 작은 일을 통해, 당시의 초강대국이었던 애굽의 살림이라는 큰일을 맡게 된 것입니다.

그는 애굽의 총리가 될 거라고 꿈꿔 본 적이 없습니다. 계획은커녕 그런 생각을 해본 적도 없었습니다. 그저 배신의 아픈 기억과 고통을 잊기 위해 노력했을 뿐입니다. 하지만 그것을 통해 하나님은 그의 상처를 치유하셨으며, 위기 속에서 튀어 오르게 하셨습니다. 요셉은 첫 아들을 낳아 '므낫세'라고 이름 지었습니다. '잊게 하신다'는 뜻입니다. 둘째 아들은 '에브라임'이라고 이름 지었습니다. '나의 수고한 땅에서 창성하게 하셨다'는 뜻입니다. 자녀의 이름을 통해 그는 자신이 지난날의 아픔을 씻어 내고 상처를 극복했음을 선언하고 있습니다. **고난의 때에 성실하고 부지런하게 다른 사람을 섬겼던 것이 위기를 뛰어넘는 힘과 능력이 되었음을 깨달은 것입니다.**

다른 사람을 섬기는 일에는 반드시 숨겨진 보물이 있습니다. 특히 내 삶이 고달프고 능력이 없음에도 기꺼이 다른 사람을 섬길 때, 하나님은 바로 그 섬김 위에 복을 주시고 새로운 문을 여실 것입니다. 섬김, 그것은 인생의 위기에도 찌부러지지 않고 튀어 오르는 하늘의 방법입니다.

누군가가 위기에서 벗어나도록 돕는 것만으로도
나의 위기에서 벗어나게 될 때가 있습니다.

누군가를 섬긴다는 것은
결국 나를 위한 일이기 때문입니다.

함께 기도하라 [46]

여러분은 기도가 쉽습니까? 오랫동안 목회를 해왔지만, 지금도 저는 기도가 힘들고 어렵습니다. 그래서 강원도 태백 예수원의 설립자 대천덕 신부님이 남기신 '노동은 기도이고 기도는 노동이다'라는 말씀(물론 제가 공감하는 그런 의미로 하신 말씀은 아닐 겁니다)에 열렬하게 동의합니다. 기도는 정말 노동처럼 힘든 일인 것 같습니다.

느닷없는 이민족의 습격 앞에 기도로 맞선 모세도 그런 경험을 한 적이 있습니다. 이스라엘 백성이 바로의 추격군을 수장시키고 홍해를 걸어서 건넜다는 놀라운 소식에 인근 민족들은 바짝 긴장하고 두려워했습니다(출 15:14-16). 그런데 이때 아말렉이라는 족속이 조금도 기죽지 않고 이스라엘을 공격해 옵니다. 에서의 손자 아말렉의 후손이자 가나안 광야의 유목민인 그들은 나름대로 큰 세력을 이룬 호전적인 족속이었습니다.

이것은 출애굽 이후에 이스라엘이 처음으로 치른 전쟁입니다. 여호수아가 모세의 명령을 따라 백성을 이끌고 아멜렉과 맞서 싸웁니다. 하지만 제대로 된 전쟁을 치러 본 적이 없던 그들이 싸움을 잘 이끌어 갈 리가 없습니다. 유목민

답게 '치고 빠지는' 속도전에 능한 아말렉의 전술에 그만 이스라엘은 고전을 면치 못하고 있었습니다.

그때 모세가 전쟁터가 훤히 보이는 높은 곳으로 올라갑니다. 그리고 하늘을 향해 두 팔을 번쩍 치켜듭니다. 그러자 놀라운 일이 벌어집니다. 갑자기 이스라엘 군대의 기세가 올라 아말렉을 밀어붙이는 것입니다.

팔을 치켜든 것은 하나님께 도움을 요청하는 기도의 행위입니다. 아말렉과의 싸움이 하나님께 속한 것이며, 이스라엘은 오직 하나님만 의지한다고 선포하는 것입니다. 그 믿음의 기도에 하나님이 응답하셨고, 모세가 팔을 들자 이스라엘이 전투의 승기를 잡게 된 것입니다. 하지만 모세는 기계가 아닙니다. 시간이 흐르자 힘이 빠지고 팔이 아파집니다. 그의 팔이 조금씩 아래로 내려가자 다시 아말렉이 반격하기 시작합니다. 또다시 전세가 뒤집힙니다.

쉬지 않고 기도하는 것, 즉 하나님만 계속해서 의지하기란 어렵고 힘든 일입니다. 대천덕 신부님의 말씀대로 기도는 노동입니다. 쉬지 않고 땀 흘려 일한 농부가 풍성한 결실을 맛보는 것처럼, **'기도의 노동'을 마다치 않고 끊임없이 하나님께 나아간 사람만이 놀라운 기도 응답의 역사를 경험할 수 있기 때문입니다.**

하지만 기도하는 것이 지치고 피곤하다고 해서 올린 팔을 내리면 어떻게 될까요? 이스라엘과 아말렉의 전투에서 보듯이 기도의 팔이 내려가면, 흔히 말하는 '기도줄'을 놓치면, 영락없이 현실에서 패배하고 맙니다. 뒤로 물러설 수 없는 이 믿음의 싸움에서 승리하려면 끝까지 팔을 치켜들고 있어야 합니다. 팔이 아래로 내려오지 않게 해야 합니다. 모세처럼 더는 팔을 들어 올릴 수 없을 때 우리에게 필요한 것이 바로 곁에서 힘을 빌려 줄 기도의 동역자입니다.

모세의 팔이 내려가면서 이스라엘의 패색이 짙어지자, 곁에 있던 아론과 훌이 양쪽에서 모세의 팔을 붙잡아 추켜세웁니다. 그러자 곧바로 이스라엘이 다시 아말렉을 밀어붙이기 시작합니다. 결국 이스라엘은 두 사람 덕분에 승리를 거둘 수 있었습니다.

> 모세의 팔이 피곤하매 그들이 돌을 가져다가 모세의 아래에 놓아 그가 그 위에 앉게 하고 아론과 훌이 한 사람은 이쪽에서, 한 사람은 저쪽에서 모세의 손을 붙들어 올렸더니 그 손이 해가 지도록 내려오지 아니한지라 여호수아가 칼날로 아말렉과 그 백성을 쳐서 무찌르니라 출 17:12-13

이스라엘이 광야에서 느닷없이 아말렉에게 습격을 받은 것처럼 누구나 인생에서 환난과 시련을 만나게 됩니다. 예상치 못한 어려움이 우리를 위협합니다. 자신의 힘으로 어떻게든 맞서보려고 애쓰고 노력하지만, 이내 지치고 맙니다. 이때 필요한 것이 믿음의 싸움에 힘을 보태 줄 기도 동역자들입니다. 인생의 위기 앞에서 지쳐 꺾이는 내 팔을 붙잡아 하늘 높이 치켜들게 해줄 아론과 훌 같은 사람들, 나와 함께 기도하고 나를 위해 기도해 줄 이들이 필요합니다.

이러한 기도 동역자가 얼마나 중요했으면, 주님 자신이 우리의 기도 동역자가 되셨겠습니까?

> 누가 정죄하리요 죽으실 뿐 아니라 다시 살아나신 이는 그리스도 예수시니 그는 하나님 우편에 계신 자요 우리를 위하여 간구하시는 자시니라 롬 8:34

기도 동역자가 얼마나 중요했으면, 주님의 이름으로 두세 사람이 모인 곳에 하나님이 함께하시고 거기서 구하는 것은 무엇이든 응답하겠다고 약속하셨겠습니까?

> 진실로 다시 너희에게 이르노니 너희 중의 두 사람이 땅에서 합심하여 무엇이든지 구하면 하늘에 계신 내 아버지께서 그들을 위하여 이루게 하시리라 두세 사람이 내 이름으로 모인 곳에는 나도 그들 중에 있느니라 마 18:19-20

하나님은 기도의 동역자들이 모여 서로의 팔이 내려오지 않게 붙들어 주는 것이 인생의 위기에 찌부러지지 않고 튀어 오르는 원리임을 확증해 주십니다.

우리는 모두 허물과 죄로 가득한 연약한 존재입니다. 수많은 인생의 위기 속에서 지금 자리까지 오게 된 것은 아무리 생각해 봐도 불가능한 일입니다. 이렇게 할 수 있었던 것은 오직 하나, 성령님과 기도 동역자들의 중보기도 덕분입니다. 기도의 공동체가 없었다면, 우리가 그 공동체 안에서 마음을 모아 함께 기도하지 않았다면, 지금 이 자리까지 오지도 못했을 겁니다.

고난과 절망이 아말렉처럼 급습해 올 때면, 두려워하지 말고 기도의 손을 치켜드십시오. 그리고 여러분의 팔을 붙잡아 줄 아론과 훌도 잊지 마십시오. 위기를 극복하게 하는 합심 기도의 능력을 깊이 체험하게 될 것입니다.

당신을 위해 중보기도하고 있어요!

다른 사람의 마음에
공명하라 [47]

음파와 관련된 자연 현상 중에 '공명'(共鳴)이라는 것이 있습니다. 말 그대로 '같이 울리는' 현상인데, 누구나 학창 시절에 소리굽쇠 실험 같은 것으로 한 번쯤 접해 보았을 것입니다. 그런데 이 공명 현상은 물체뿐만 아니라 사람과 사람 사이에도 나타나는 것 같습니다. 그것이 바로 '공감'(共感)입니다.

김혜남의 책《서른 살이 심리학에게 묻다》를 보면, 서로 마음을 나누고 공감하는 능력이 오직 인간에게만 있다는 심리학자들의 주장이 나옵니다. 그리고 그 근거로 인간의 아기만이 똑바로 누워 자란다는 점을 듭니다. 아기가 늘 엄마와 눈을 맞추고 그 상태로 젖을 먹고 옹알이를 할 수 있는 것은 모두 똑바로 누워 있기 때문이며, 이런 정서적 교감을 통해 공감의 능력을 배우고 익히게 된다는 것입니다.

하지만 우리 주변에는 타인의 기분과 느낌에 제대로 공감하지 못하는 사람이 너무 많은 듯합니다. 상대방의 감정을 있는 그대로 똑같이 느껴서 거기 휘말려 버리는 사람, 상대방의 부정적인 감정이 부담스러워서 마음을 닫고 거리를 두는 사람, 상대는 울고 있는데 무덤덤한 얼굴로 바라보기만 하는 사람, 공감한

답시고 '영혼 없는' 위로 몇 마디만 던지고 돌아서는 사람만 가득합니다. 모두 저마다의 마음 주파수를 갖고 있지만, '같이 울리지는 못하는' 것입니다. **진정한 공감이란, 상대의 마음을 이해하는 동시에 그를 돕는 길이 무엇인지 생각하는 것입니다.**

하나님도 우리 마음에 공명하시는 분입니다. 언제나 백성의 고통을 굽어살피시고, 백성의 부르짖음에 귀 기울이시며, 백성의 근심과 괴로움을 이해하며 아버지의 마음으로 찾아오시는 분입니다. 그리고 우리도 서로 공명하기 원하시는 분입니다. 개인주의적이고 자기중심적인 자아를 꺾고 마음 주파수를 맞춰 함께 울리는 이들을 기뻐하시며, 그 자리에 새로운 힘과 능력을 부어 주시는 분입니다.

이스라엘은 BC 586년에 남유다가 바벨론에 점령당하면서 하나님이 주신 약속의 땅을 완전히 잃어버립니다. 그리고 세월이 흐른 후 포로 생활에서 풀려나 고국으로 돌아온 이스라엘 유민은 신앙 회복을 꿈꾸며, 모든 것이 초토화된 폐허 위에 성전을 건축합니다. 가까스로 15년 만에 성전이 완성되지만, 무너진 성벽 때문에 예루살렘은 여전히 무방비 상태였습니다. 그래서 결국 이스라엘 민족은 환난과 고통 가운데 힘겨운 나날을 보내게 됩니다.

그래서 하나님은 바사 왕 아닥사스다의 술 맡은 관원으로 있던 느헤미야를 불러 예루살렘 성의 재건을 시작하게 하십니다. 안팎으로 숱한 어려움과 장애물을 맞닥뜨리지만, 느헤미야는 결국 백성과 함께 하나님의 사명을 다시금 감당할 '새 이스라엘'의 기틀을 마련합니다. 낙심하고 절망에 빠진 사람들을 데리고서 이러한 역사를 이뤘다는 것은 기적과도 같은 일입니다. 저는 느헤미야가 예루살렘에 돌아와 맨 처음 사람들에게 한 말이 기적을 일으킨 방아쇠였다고 생각합니다.

후에 그들에게 이르기를 우리가 당한 곤경은 너희도 보고 있는 바라 예루살렘이 황폐하고 성문이 불탔으니 자, 예루살렘 성을 건축하여 다시 수치를 당하지 말자 하고 느 2:17

바사 왕의 허락과 지원을 받아 예루살렘에 도착했지만, 느헤미야는 그 즉시 자신의 비전과 계획을 들이밀지 않았습니다. 예루살렘에 도착하여 사흘 동안 그는 아무것도 발표하지 않고 아무런 행동도 취하지 않았습니다. 그저 예루살렘의 형편과 백성의 상황을 살피고 헤아리기 시작했습니다. 예루살렘 성의 재건이라는 원대하고도 시급한 과제가 있었지만, 차근차근 첫 번째 단추를 끼우기 시작했습니다. 그 첫 단추는 바로 이스라엘 백성의 아픔과 고통에 동참하고 공감하는 것이었습니다.

느헤미야가 작금의 현실을 '너희(이스라엘 백성)가 당한 곤경'이라고 표현하지 않은 것을 보십시오. 그는 예루살렘 성의 문제에 제삼자로 있기를 거절했습니다. 사실 느헤미야와는 아무런 상관없는 일입니다. 그의 잘못도 아니고, 그가 한 일이 아니었습니다. 그럼에도 느헤미야는 이스라엘 백성이 겪고 있는 모든 고난과 실패를 자신의 것으로 받아들였습니다. 하지만 이스라엘 백성과 달리 그는 아픔과 고통에 휘말려 주저앉지 않았습니다. 오히려 담대하게 일어나서 하나님이 자신에게 주신 성벽 재건의 비전을 선포했습니다.

또 그들에게 하나님의 선한 손이 나를 도우신 일과 왕이 내게 이른 말씀을 전하였더니 그들의 말이 일어나 건축하자 하고 모두 힘을 내어 이 선한 일을 하려 하매 느 2:18

그러자 놀랍게도 패배자이자 낙오자로 살아온 백성의 눈빛이 살아나며, 가슴이 뛰기 시작합니다. 다시 한 번 일어나 하나님의 역사에 동참하자는 분위기가 조성됩니다. 느헤미야가 자신들의 상황과 처지에 공명해 주자, 그들 역시 느헤미야를 통해 던져진 비전에 공명하기 시작한 것입니다.

인생에서 인간관계만큼 중요한 것도 없습니다. 인생 자체가 누군가와 만나고 헤어지는 일의 연속이기 때문입니다. 그래서 '어떤 인간관계를 맺느냐'는 '어떤 삶을 사느냐'와 직결됩니다. 인생의 위기 앞에서 용수철처럼 튀어 오르는 사람이 되는 것도 마찬가지입니다. 좋은 친구가 많고 그 자신도 좋은 친구인 사람은 위기에도 강합니다. 다른 사람과 공명하고 공감할 줄 아는 사람은 그만큼 주변 사람들로부터 따뜻한 관계와 충분한 정서적 지원을 받기 때문에 내면세계가 건강하고 견고합니다. 이 말을 뒤집어 생각해 보면, 더 의미가 분명해집니다. 인생의 역경이 닥쳤을 때 가족과 친지, 친구들이 모두 외면하고 돌아선다면 어떻게 그것을 딛고 다시 일어설 수 있겠습니까? 마음을 읽어 주고 공감해 주는 관계가 있어야만 인생의 위기가 밀려와도 뒤로 물러나지 않고 도리어 더 강력하게 받아칠 수 있는 법입니다. 그러므로 여러분 자신에게 이렇게 질문해 보십시오. "나는 지금 누구에게, 그리고 무엇에 공명하고 있는가?"

1940년, 미국 워싱턴에 있는 타코마 브릿지(Tacoma Bridge)가 아무런 이유도 없이 갑자기 무너져 버린 사건이 있었습니다. 조사 결과, 그 원인이 다리의 고유 진동수와 바람의 진동수가 우연히 일치하면서 생긴 공명 또는 공진 때문임이 드러났습니다. 우리나라에도 서울의 한 대형 전자제품 쇼핑몰 건물이 갑자기 흔들려서 사람들이 대피하는 소동이 있었습니다. 12층의 헬스클럽에서 우연히 몇 사람이 발을 동시에 굴렀는데 그것이 공명 또는 공진현상을 일으켜 건물 전체를 흔들 정도로 증폭된 것이었습니다.

세미한 진동과 소리가 서로 맞부딪혀 세상을 뒤바꿀 만큼 커다란 힘으로 자라나는 것은 우리 마음과 생각에서도 마찬가지입니다. 나와 당신이, 우리와 그들이, 이들과 저들이 같은 소리로 서로의 마음에 가닿고 함께 어우러진다면, 개인의 삶뿐 아니라 공동체와 온 세상에 더 크고 강력하게 퍼져 가는 울림이 될 것입니다.

그러니 도저히 감당할 수 없을 것 같은 인생의 위기 앞에 있다고 지레 자포자기하지는 마십시오. 곁에 있는 이들과 뜻을 맞추고 마음 맞춰 걷다 보면, 여러분이 생각하는 것보다 훨씬 많은 것을 회복시키고 변화시킬 수 있습니다. 성경에 기록된 수많은 하나님의 역사도 처음에는 우리처럼 평범한 사람들이 서로에게 품은 작은 공명에서 출발했을 겁니다.

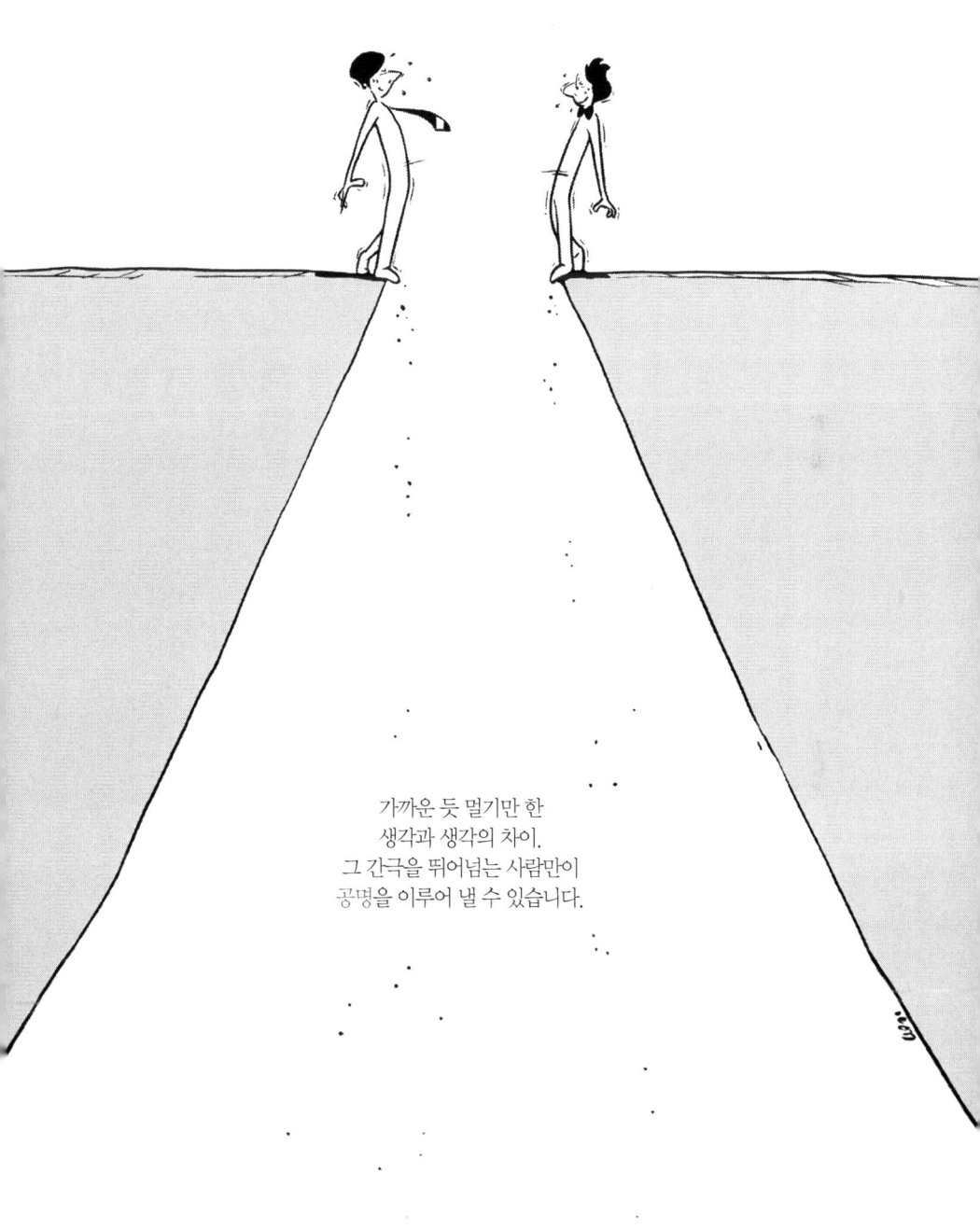

말하기 전에
먼저 들으라 [48]

여러분은 십대들만 들을 수 있는 소리가 있다는 사실을 알고 계십니까?

그 대표적인 것이 '틴 버즈'(teen buzz)입니다. 모스키토 버즈(mosquito buzz) 또는 틴벨이라고 불리는 틴 버즈는 원래 불량청소년들을 멀리 쫓아버리기 위해 만든 것입니다. 십대들만이 들을 수 있는 주파수인 1,700㎐ 음파로 만들어 낸 자극적인 소리입니다. 어떤 사람에게는 들리지만, 어떤 사람에게는 들리지 않는 소리입니다.

우리가 흔히 사용하는 영어 단어 'hear'와 'listen'은 둘 다 '듣는다'로 번역됩니다. 하지만 'hear'는 아무 생각 없이 그냥 듣는 것이고, 'listen'은 들으려는 마음으로 집중해서 듣는 것입니다. **모든 소리를 듣는 것 같지만 노력하고 애쓰지 않으면 듣기 어려운 경우가 있다는 말입니다.** 이는 물리적인 영역뿐 아니라 영적이고 정신적인 영역에서도 동일한 듯합니다.

야고보 사도는 성도의 의사소통에 관해 이렇게 말합니다.

> 내 사랑하는 형제들아 너희가 알지니 사람마다 듣기는 속히 하고 말하기는 더디 하며 성내

듣는 것은 최대한 서둘러서 빨리하고, 반면에 말하는 것은 최대한 늦장을 부리라고 합니다. 'hear'가 아니라 'listen'의 듣기를 하라는 것입니다. 그렇게 하지 않으면 들을 수 없기 때문입니다.

들을 수 없다니, 무슨 뜻일까요? 우리의 인체 기관 중에서 유일하게 늘 열려 있는 것이 귀입니다. 귀를 우리 마음대로 여닫을 수는 없습니다. 그래서 항상 다양한 소리가 귀로 몰려들고, 우리는 의지와 상관없이 그 소리를 전부 들어야 합니다. 듣기 위해 특별하게 무엇을 준비할 필요가 없습니다. 가만히 있어도 전부 들립니다(hear). 그런데도 들을 수 없다니 무슨 말일까요?

야고보 사도는 지금 'hear'가 아니라 'listen'의 듣기를 말하고 있습니다. 들리기 때문이 아니라, 들으려 하기 때문에 듣는 것입니다. **듣고 싶지 않고 먼저 말하고 싶어도, 멈추어서 귀를 기울이라는 것입니다.** 사람이란 자기중심적이고 이기적인 존재여서, 의지적으로 들으려 하지 않으면 결코 다른 사람의 생각과 마음을 깨닫고 이해할 수 없기 때문입니다.

자신의 말을 더 많이 하고 자신의 의사를 관철시키는 데 초점을 두는 사람은, 홀로 성공할 수는 있을지 모르지만 다른 사람과 함께 같은 것을 보며 나아가지는 못합니다. 함께 인생의 위기를 이겨 내는 건강하고 견고한 관계는 **말하기보다는 들어 주고, 다른 사람에게 말할 기회를 제공해 줄 때 시작됩니다.** 또한 그것은 우리가 행복한 공동체로 살 수 있는 열쇠이기도 합니다.

경청의 순간,
두 사람의 마음 안에서 우산이 펴집니다.

거절받아도
사랑하기로
결정하라 [49]

매우 우연한 기회에 골리앗이라는 블레셋의 거인 장수를 쓰러뜨리게 되기 전까지 다윗은 누구에게도 주목받지 못한 채 살고 있었습니다. 만약 그가 골리앗과 싸우지 않았다면, 평범한 목동과 수금을 타는 악사로 살다가 생을 마감했을 것입니다. 아무도 그가 하는 일은 물론 그 자체를 인정하지 않았습니다. 심지어 가족조차 그의 존재를 꺼리며 무시했습니다.

그러던 어느 날 갑자기 다윗의 집에 사무엘 선지자가 찾아옵니다. 다윗의 아버지 이새는 자기 아들들 중에서 이스라엘의 차기 왕을 세우겠다는 선지자의 말에 깜짝 놀라 황급히 아들들을 소집합니다. 하지만 그 자리에 막내아들 다윗은 부르지 않습니다. 하인이나 할 법한 천한 목동 일을 맡긴 것도 모자라 이런 중대한 자리에 아예 참석조차 시키지 않는 것입니다.

> 또 사무엘이 이새에게 이르되 네 아들들이 다 여기 있느냐 이새가 이르되 아직 막내가 남았는데 그는 양을 지키나이다 사무엘이 이새에게 이르되 사람을 보내어 그를 데려오라 그가 여기 오기까지는 우리가 식사 자리에 앉지 아니하겠노라 삼상 16:11

사무엘 선지자가 그를 데려오라고 말하자, 아버지라는 사람이 오히려 "됐습니다. 걔는 여기 부를 필요가 없는 아이입니다. 아무짝에도 쓸데없는 녀석인 걸요"라며 말했습니다. 그뿐만이 아닙니다. 다윗이 골리앗과 싸우겠다고 나서자, 전쟁터에 나와 있던 그의 맏형이 그를 이렇게 꾸짖습니다.

> 큰형 엘리압이 다윗이 사람들에게 하는 말을 들은지라 그가 다윗에게 노를 발하여 이르되 네가 어찌하여 이리로 내려왔느냐 들에 있는 양들을 누구에게 맡겼느냐 나는 네 교만과 네 마음의 완악함을 아노니 네가 전쟁을 구경하러 왔도다 삼상 17:28

형이라는 사람이 (자기는 골리앗이 두려워서 숨어 있는 주제에) 어린 동생을 걱정하며 싸움을 말리고 나서거나 그래도 꼭 승리하라고 격려하며 기도는 못 해줄망정 "대체 넌 여기 왜 온 거야? 양들은 다 어디다 팔아먹고 온 거야? 하여간 진짜 버릇없고 잘난 척하는 놈이라니까. 너 지금 분위기 파악이 안 되니? 지금 이곳이 네가 낄 자리라고 생각하는 것이냐?"라며 무시하고 구박하고 있습니다.

이렇듯 냉소적인 아버지와 형에게서 다윗은 엄청난 거절감과 상처를 입었을 것입니다. 게다가 가장 가까운 가족이 이렇게 했다면, 다른 사람들은 다윗을 어떻게 대했겠습니까? 저 같으면 골리앗을 쓰러뜨리고 유명해지고 출세한 다음에 가족과의 모든 관계를 끊고 제가 할 수 있는 선에서 최대한 복수했을 것입니다. 아무리 살펴봐도 이건 용서할 수 없는 일입니다. 어떻게 아버지가, 한 핏줄인 형제들이 그럴 수 있다는 말입니까?

그런데 놀랍게도 다윗은 자신을 죽이려는 사울을 용서하고 변함없이 그를 자신의 왕으로 인정한 것처럼, 자신을 무시하고 구박하고 상처 준 가족도 받아

들여 품어 줍니다.

> 그러므로 다윗이 그곳을 떠나 아둘람 굴로 도망하매 그의 형제와 아버지의 온 집이 듣고 그리로 내려가서 그에게 이르렀고 환난 당한 모든 자와 빚진 모든 자와 마음이 원통한 자가 다 그에게로 모였고 그는 그들의 우두머리가 되었는데 그와 함께 한 자가 사백 명 가량이었더라 삼상 22:1-2

사울을 피해 아둘람 굴에 숨어 있는 다윗에게 아버지와 형제들이 찾아옵니다. 다윗의 가족이라는 이유로 사울에게 죽임을 당할까 봐 두려웠던 거죠. 다윗은 자기 한 몸 운신하기도 어려운 상황입니다. 평소 다윗에게 한 짓을 생각하면, 그들을 받아 주지 않아도 비판할 사람이 전혀 없습니다. 그럼에도 다윗은 가족을 받아 줍니다.

여러분은 자신을 거절하고 상처 준 사람을 어떻게 대하십니까? 받은 대로 되갚아 줍니까, 아니면 용서합니까? 위기를 이겨 내고 하나님과 날아오르는 사람은 다윗처럼 거절당해도 사랑하기로 합니다. 일곱 번 용서하면 충분하지 않겠느냐며 뽐내던 베드로에게 일곱 번씩 일흔 번까지 용서하라고 하신 주님의 말씀처럼 **끝까지 용서합니다**. 오직 그럴 때에만 함께 힘을 모아 위기를 극복하는 관계와 공동체가 완성됩니다.

다윗이 사울의 뒤를 이어 이스라엘의 왕이 되고 왕국을 견고히 다져갈 때, 끝까지 그의 힘이 되어 준 것이 바로 힘들고 어려웠던 아둘람 굴 시절의 동료들이었습니다. 그리고 그 가운데 다윗의 가족도 포함되어 있었습니다. 용서에는 원수마저도 한편으로 만드는 능력이 있습니다.

다시 사랑하기로 결정했다는 것은
거절감과의 씨름에서 물러서지 않았다는 것!

위기를 극복한 것이 아니라, 관계 그 자체로 말미암아 기뻐하라 [50]

여러분은 우리가 이 땅에서 살아가기 위해 이용해야 할 수단이 무엇이라고 생각하십니까? 그것은 바로 물질, 곧 돈입니다. 그렇다면 우리가 돈과 물질을 수단으로 삼아 이 땅에서 이루어야 하는 목적은 무엇입니까?

주님은 우리가 이 땅에서 살아가는 목적을 이렇게 말씀하십니다.

예수께서 이르시되 네 마음을 다하고 목숨을 다하고 뜻을 다하여 주 너의 하나님을 사랑하라 하셨으니 이것이 크고 첫째 되는 계명이요 둘째도 그와 같으니 네 이웃을 네 자신같이 사랑하라 하셨으니 이 두 계명이 온 율법과 선지자의 강령이니라 마 22:37-40

그런데 우리는 너무나 자주 목적과 수단을 뒤집어 버릴 때가 많습니다. 더불어 사랑하며 살아가라고 주신 이웃을 수단으로 삼고, 이웃을 사랑하기 위해 사용해야 할 물질을 목적으로 삼아 추구하는 것입니다.

하나님을 사랑하고 이웃을 자기 몸처럼 사랑하라는 사명을 다른 사람에게 가르쳐야 할 유대 종교 지도자들도 마찬가지였습니다. 그들은 부와 명예를 위해 하나님과 이웃을 이용했고, 예수님은 그런 그들의 모습을 신랄하게 지적하시며 돌이킬 것을 촉구하셨습니다.

인생의 위기를 극복하는 것도 마찬가지입니다. 우리가 위기 앞에서 하나님과 함께 날아올라야 하는 이유는 더 많은 이들과 함께, 더 많은 이들을 위해 살아가기 위해서입니다. 위기를 극복하는 것 자체가 우리의 목적은 아니라는 말입니다. 우리가 위기를 이겨 내야 하는 목적은 분명합니다. **하나님을 사랑하고 이웃을 내 몸처럼 사랑하기 위해서입니다.**

인생의 위기 앞에서 여러분은 곁에 있는 사람들이 목적으로 보입니까, 아니면 수단으로 보입니까? **하나님은 사람과 관계와 공동체를 목적으로 품는 이들에게 역사를 맡기십니다.** 잠깐 동안은 사람과 관계와 공동체를 이용해서 자신의 목적을 추구하는 이들이 세상에서 두각을 나타내고 성공하는 것처럼 보이지만, 결국에는 목적을 목적으로 여기고 수단을 수단답게 이용하는 사람들이 역사를 주도하게 될 것입니다.

결국 위기는 완전히 사라지지 않았습니다.

하지만 이제는 괜찮습니다.
함께 우산을 써 주는 사람들이 있으니까요.

Part.006

위기 앞에서 용수철처럼 튀어 오르는 연습: 워크샵

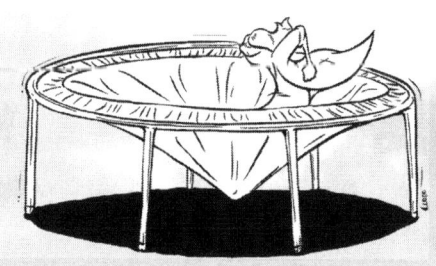

두려움과 함께
살아가는 연습 [51]

세계적인 문인이자 이야기꾼인 얀 마텔(Yann Martel)의 소설 《파이 이야기》에서 주인공 파이는 가족과 함께 항해하다 난파되어, 홀로 태평양 망망대해를 표류하게 됩니다. 그런데 그 구명보트에는 커다란 벵갈 호랑이가 함께 타고 있었습니다. 잠시라도 긴장을 늦추면 호랑이에게 잡아먹힐 판입니다. 하지만 파이에겐 호랑이를 해치울 힘이 없습니다. 그렇다고 도망칠 곳도 없습니다.

이 상황은 무엇이 어떻게 될지 알 수 없는 불확실함과 그로 말미암은 두려움에서 결코 자유로울 수 없는 우리네 인생과 매우 닮아 있습니다. 우리는 두려움에서 도망칠 수도, 그것을 없앨 수도 없습니다. 그렇다면 어떻게 해야 할까요? 호랑이와 함께 살아갈 수밖에 없습니다.

Q. 여러분에게는 어떤 두려움이 있습니까?

출애굽기 14장 9-16절과 여호수아 3장 6-13절을 읽어 보십시오.

여러분은 출애굽을 한 이스라엘 백성이 경험한 홍해 사건과 요단강 사건의 차이점을 알고 있습니까? 홍해는 사람이 건너가기 전에 먼저 갈라졌지만, 요단강은 흐르는 강물에 먼저 발을 들이밀었을 때 갈라졌습니다. 그래서 홍해를 건널 때에는 바다가 아니라 바다를 가르신 하나님께 주목할 수 있었습니다. 이미 갈라진 상태이기 때문에 두려울 것이 전혀 없었습니다.

하지만 요단강에서는 사정이 달랐습니다. 이번에도 길을 내줄 테니 어서 들어가라는 하나님이 아니라 세차게 흘러넘치는 강물만 눈에 보였을 것입니다. '저길 어떻게 들어가? 이대로 들어가면 휩쓸려 갈 텐데…'라며 두려움에 사로잡힐 수밖에 없는 상황입니다.

현실은 늘 불투명하고 불확실합니다. 무엇이 어떻게 될지 아무도 장담할 수 없습니다. 그래서 우리에게는 늘 두려움이 있습니다. 두려움은 불확실함에 대한 반응입니다.

Q. 여러분은 두려움이 찾아올 때 어떻게 대처하십니까?

두려움에도 긍정적인 면이 있습니다. 두려움은 위험에서 우리를 보호해 줍니다. 두려움은 우리가 본능적으로 안전한 것을 선택하게 해줍니다. 어두운 밤길을 갈 때 서둘러서 행인이 많은 대로변으로 나가거나 질병과 사고를 대비해서 보험을 드는 것이 여기에 해당됩니다. 이는 믿음이 없어서 그런 것이 아니라, 미리 조심하고 주의하는 삶의 지혜입니다. 또한 두려움은 시험을 보거나 중요한 일을 할 때 우리를 더 민감하게 해줍니다. 덕분에 주어진 과제를 잘 해결할 수 있습니다. 교통사고가 두려우니까 안전운전을 하게 되고, 비만과 질병이 두려우니까 다이어트와 운동을 하게 되고, 하나님에 대한 두려움이 있기 때문에 그분을 경외하게 되는 것입니다. 두려움에는 이렇게 하나님의 은혜가 담겨 있습니다.

Q. 두려움은 질병처럼 '앓아야 할' 대상이 아니라 '다스려야 할' 대상입니다. 불확실한 인생을 살기에 두려움을 없앨 수는 없지만, 그 두려움이 유익이 되도록 사용할 수 있다는 말입니다. 이에 대한 생각을 다른 사람들과 나누어 보십시오.

요단강 사건을 통해 하나님은 그분의 말씀을 믿고 순종할 때, 두렵게 느껴지는 환경과 상황이 변화될 수 있음을 보여 주십니다. 강물을 보고 두려워하는 것이 믿음 없음이 아니라, 하나님이 들어가라고 하시는데 두려워서 멈추는 것이 믿음 없음입니다. '강물에 빠져도 죽지 않을 거야'라며 두려움을 부정하는 것이 믿음이 아니라, 두렵고 떨리지만 '하나님이 들어가라고 하시니 들어가야지'라고 결단하는 것이 믿음이라는 말입니다. 그것이 두려움과 함께 불확실한 인생을 살아가는 비결입니다.

Q. 지금 여러분이 두려워서 멈춰서 있는 인생의 영역이나 문제가 있다면 무엇입니까? 두려움이 사라질 때까지 기다리는 대신 두려움을 안고 발을 들이밀기 위해 여러분에게 필요한 것은 무엇입니까?

두려움과 함께 살아가는 일상 연습

불편하고 어렵더라도, 두려움 역시 하나님이 우리에게 주신 감정이며 느낌입니다. 그러므로 우리는 두려움을 거부하거나 부정하는 대신 다스리는 법을 연습해야 합니다. 큰일이든 작은 일이든 두려움이 찾아올 때면 그것을 없애거나 이기려고 하지 말고 정직하게 인정하십시오. "그래, 난 지금 두려워." "나 지금 겁이 나."

중요한 것은 두려움이 바로 요단강에 들이밀어야 할 여러분의 발목을 붙잡지 못하도록 '그럼에도 불구하고'라는 결단이 된다는 것입니다.

"결정은 결국 네 몫이야.
그래도 이런 결정을 내리길 바라고 있어."

위기에 대한
건강한 반응을
선택하는 연습 [52]

Q. 당신 앞에 물이 절반쯤 채워져 있는 컵이 놓여 있습니다. 당신은 이 컵에 '절반이나 담긴'과 '절반밖에 없는' 중에서 어떤 수식어를 붙이시겠습니까? 당신이 그렇게 결정한 이유는 무엇인지 생각해 보십시오. 다른 수식어를 선택한 사람과 당신의 차이점은 무엇인지 생각해 보십시오.

사무엘상 15장 1-30절과 사무엘하 12장 1-17절을 읽으십시오.

    다윗 왕은 부하 장수를 죽이고 그의 아내를 빼앗은 죄 때문에 나단 선지자에게 책망을 듣습니다. 다윗은 자신의 권력과 지위를 이용해서 죄를 숨기고 나단 선지자의 입을 막을 수도 있었지만, 하나님 앞에 무릎 꿇고 회개하는 쪽을 선택합니다. 그러나 이스라엘의 초대 왕 사울은 하나님의 명령을 무시하여, 적국의 왕과 귀한 전리품을 남겨 놓았습니다. 사무엘 선지자가 이를 책망했지만, 사울은 오로지 자신의 체면과 입장만 신경 쓸 뿐이었습니다.

Q. 같은 신분의 두 사람이 동일하게 죄를 저지르고 동일하게 선지자의 책망을 받았습니다. 하지만 두 사람은 완전히 다른 선택을 내렸습니다. 두 사람이 서로 다른 반응을 선택한 이유가 무엇인지 생각해 보십시오.

Q. 인생의 위기 자체를 막을 수는 없지만, 그것에 어떻게 반응할지는 우리 스스로 선택할 수 있습니다. 그동안 자신이 어떤 반응을 선택해 왔는지 돌아보고, 왜 그런 선택을 내렸는지 이유를 생각해 보십시오. 이제부터 다른 선택을 하기 원한다면, 당신에게 필요한 것은 무엇일까요?

위기에 대한 건강한 반응을 선택하는 일상 연습

위기라고 느껴지는 순간마다 맨 먼저 여러분 자신에게 이렇게 말하십시오. "위기에 어떻게 반응할 것인가에 대한 선택권은 언제나 나 자신에게 있는 거야!"

당신이 결정만 하면,
그 결정에 맞는 힘도 주십니다.

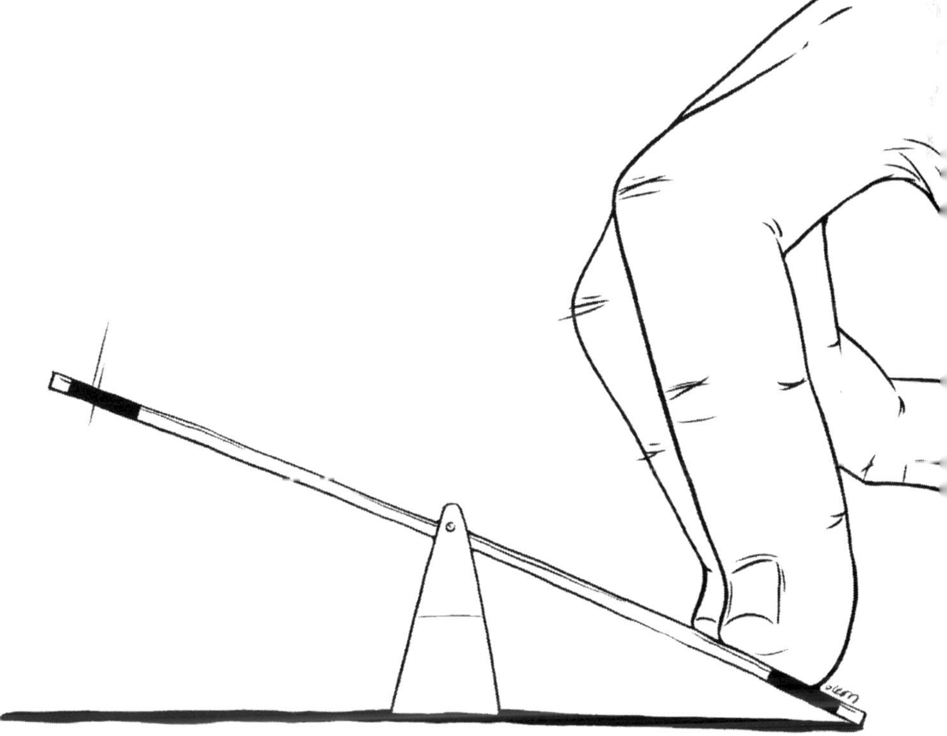

위기 앞에서
도망치지 않는 연습 [53]

Q. 오작동하는 컴퓨터를 리셋 버튼만으로 껐다 켜는 것처럼 마음에 들지 않는 현실도 껐다가 다시 켤 수 있다고 착각하는 '리셋 증후군'(Reset Syndrome), 오락 매체에 과도하게 몰입한 나머지 현실의 문제를 외면하고 마는 '현실도피증'(Escapism), 사회에 적응하지 못하고 집에만 틀어박혀 사는 '히키코모리'(은둔형 외톨이), 현실에 만족하지 못하고 새로운 이상만을 추구하는 '파랑새 증후군'(bluebird syndrome), 어른이 되기 싫어하는 '피터팬 증후군'(Peter Pan syndrome) 등의 증상들은 모두 힘든 현실에서 도망치고 싶은 마음에서 비롯된 것들입니다. 현실에서 도망치고 싶을 때, 여러분은 어떤 방법을 선택하십니까?

사사기 6장 1-6절을 읽어 보십시오. 사사들이 다스리던 시대에 미디안이라는 이방 민족이 이스라엘로 쳐들어왔습니다. 그들이 얼마나 심하게 약탈했던지, 파종 자체를 할 수 없는 지경이 되고 말았습니다. 평소 같으면 절대 그러지 않았을 이스라엘 백성이 그제야 하나님께 도와달라며 부르짖습니다.

Q. 여러분은 언제 하나님의 도움을 구하십니까? 혹시 여러분의 수단과 방법이 모두 바닥난 뒤 맨 마지막에 하나님께 나아가는 것은 아닙니까?

인생의 위기가 닥쳐올 때 말로는 하나님의 도우심을 구한다고 하면서도 실제로는 도망치고 회피하는 이들이 많습니다. 이런 사람들은 누군가가 얼른 문제를 해결해 주기만을 바랍니다.

Q. 인생의 위기가 닥쳐올 때 뒤로 물러나 줄행랑을 친 적이 있습니까? 그렇게 행동한 이유가 무엇이었는지 돌아보십시오.

위기 앞에서 도망치지 않는 일상 연습

위기가 찾아올 때 도망치지 않으려면, 여러분과 친밀하며 신뢰할 수 있는 공동체나 사람에게 도움을 받아야 합니다. 여러분이 뒤로 물러날 때 취하게 되는 모습과 행동이 무엇인지 그들과 나누고, 그런 상황에 들어가지 않도록 곁에서 도우며 함께 하나님께 나아가 달라고 부탁하십시오.

힘들고 어려울 때마다
일이나 인간관계, 쇼핑 등의 동굴로
도망쳤습니다.
직면해야 할 사실들을 피해 숨어 있었죠.

오늘 당신은 어떤 동굴에 들어가 있습니까?

더 넓은 관점에서
상황을 바라보는 연습 [54]

사도행전 6장 1-7절을 읽으십시오. 오순절 성령 강림의 역사 이후 예루살렘 초대교회가 왕성하게 성장하던 어느 날, 예상하지 못한 문제가 터졌습니다. 구제의 문제로 히브리파 유대인 과부들과 헬라파 유대인 과부들 사이에 분쟁이 일어난 것입니다. 할머니들 사이의 사소한 갈등이었지만, 장차 유대교 배경의 성도들과 디아스포라 배경의 성도들 사이의 문제로까지 번질 소지가 충분한 사건이었습니다.

Q. 갈등이 해결될 기미가 보이지 않을 때 가장 손쉬운 해결 방법은 그와 관련된 모든 일을 중단하는 것입니다. "교회의 본질은 영혼 구원입니다. 이런 비본질적인 문제로 시간 낭비하지 말고 그냥 구제 사역을 중단합시다. 그러면 이런 문제 자체가 생기지 않을 것 아닙니까?" 여러분에게도 이와 비슷한 경험이 있다면 서로 나눠 보십시오.

그러나 예루살렘 교회는 공동체가 나아가야 할 더 큰 그림을 바라보았습니다. 교회가 이 세상과 성도들의 현실적인 문제에서도 중요한 역할을 감당해야 한다는 것이었습니다. 그래서 일곱 집사를 따로 세워 구제 사역을 맡겼습니다. 덕분에 복음이 더욱 왕성하게 퍼져 나가 교회가 부흥하기 시작했고, 제사장들 중에 믿는 이들까지 생겨났습니다. 또한 최초의 순교자 스데반이 이 일을 통해 기독교 역사 전면에 드러나게 되었습니다.

Q. 예루살렘 교회는 무엇으로부터 자신들의 '큰 그림'을 가져왔을까요?

인생의 위기가 찾아올 때면, 소극적인 태도로 아무것도 하지 않으려는 사람이 많습니다. 더는 실패하고 싶지 않기 때문에 모든 것을 손 놓고 안전지대에 숨는 겁니다. 하지만 그럴 때일수록 우리는 하나님의 뜻과 우리의 정체성, 그리고 부르심이라는 '더 큰 그림'에 초점을 맞춰야 합니다.

Q. 인생의 '큰 그림'을 찾으려면 먼저 무엇을 발견해야 할까요? 여러분의 생각을 나눠 보십시오.

더 넓은 관점에서 상황을 바라보는 일상 연습

위기의 순간을 더 넓은 관점에서 바라보고 싶다면, 자기 인생의 큰 그림을 그릴 수 있어야 합니다. 여러분의 정체성과 부르심, 비전에 대해 나눠 보고, 그중에서 모호한 것은 없는지 돌아보십시오. 그것을 삶의 기준으로 삼는다면, 어떤 상황에서든 분명하게 가야 할 방향을 발견할 수 있습니다.

하나님과 가까워질수록
하나님의 눈높이에서 볼 수 있게 됩니다.

자연스레 큰 그림을 보게 되는 것입니다.

이성과 합리성에
갇히지 않는 연습 [55]

여호수아 6장 1-21절과 열왕기하 5장 1-19절을 읽어 보십시오. 종종 하나님은 개연성이나 관련성이 전혀 없는 일을 하도록 명하실 때가 있습니다. 여호수아와 이스라엘 백성은 일주일 동안 성 주변만 맴돌아야 했습니다. 아람의 군대 장관 나아만은 선지자의 코빼기도 보지 못한 채 요단강에 가서 몸을 일곱 번 씻어야 했고요. 두 경우 모두 기적적인 승리와 치유를 가져왔지만, 합리적이고 이성적인 것을 선호하고 신봉하는 우리가 이런 요구를 받았다면 말도 안 되는 소리라며 거부했을 것입니다.

Q. 그동안의 신앙생활이나 영적 체험 가운데 비이성적이고 비합리적이라고 느껴졌던 일이 있었다면, 서로 나눠 보십시오.

살아가는 데 이성과 합리성은 꼭 필요한 것입니다. 그러나 하나님은 그것을 뛰어넘어 역사하시는 분입니다. 하나님은 오직 그분의 말씀과 성품에 따라 인하십니다. 그러므로 하나님의 말씀과 그분의 성품에 들어맞는다면, 이성적이고 합리적인 일이 아니어도 신뢰할 수 있습니다.

Q. 이성과 합리성을 뛰어넘어 역사하시는 하나님을 신뢰하고 그 말씀에 순종하려면 무엇이 필요할까요? 여러분의 생각을 나눠 보십시오.

이성과 합리성에 갇히지 않는 일상 연습

이성과 합리성에 갇히지 않으려면, 그것을 초월하여 일하시는 하나님의 원칙과 성품에 대해 알아야 합니다. 그렇게 하려면 먼저 하나님이 어떤 분인지 알기를 진정으로 갈망해야 합니다. 또한 성경 말씀을 통해 하나님이 어떤 분이신지 알아 가는 시간을 개인적으로, 그리고 모임을 통해 정기적으로 가져야 합니다.

맞습니다.
상식적으로는 떨어질 확률이 높지요.

하지만 상식은 확률을 높일 뿐,
떨어지느냐 마느냐를 결정짓는 것은 아닙니다.

하나님을 바라보며
궤도를 수정하는 연습 [56]

살다 보면 눈앞이 캄캄해지는 경험을 하게 될 때가 있습니다. 하나님이 약속하신 가나안 땅에 들어가기 위해 요단강 앞에 선 여호수아와 이스라엘 백성도 그랬습니다.

여호수아 3장을 읽으십시오. 언약궤가 앞서 간다는 것은 하나님이 앞서 가신다는 것과 같은 의미입니다. 즉, 하나님이 직접 인도하신다는 말씀입니다.

Q. '하나님이 인도하신다'는 것이 무엇이라고 생각하십니까? 서로 생각을 나눠 보십시오.

지금 언약궤는 백성과 1km나 떨어져서 이동하고 있습니다. 이는 선두 그룹뿐 아니라 모든 백성이 언약궤를 볼 수 있게 하려는 것입니다. 낯설고 어려운 길이라도 하나님만을 바라보면 나아갈 바를 알게 된다는 것입니다.

인생의 위기를 만나면 누구나 빠져나갈 곳이 없다는 두려움과 어디로 갈지 모르겠다는 불안에 빠지기 쉽습니다. 더는 지금까지 살아온 방식대로 살 수도 없고, 무엇을 어떻게 바꿔야 할지도 막막합니다. 그때 필요한 것이 바로 하나님을 따라가며 그분만 바라보는 것입니다.

Q. 여러분은 '하나님을 바라본다'는 것이 무엇이라고 생각하십니까? 서로 생각을 나눠 보십시오.
위기 속에서 인생의 궤도 수정은 오직 하나님을 바라볼 때에만 가능합니다. 지금 눈앞에 도도히 흐르는 요단강만 보인다 해도, 홍해를 가르고 길을 내신 하나님을 바라보며 따라가십시오.

Q. 비행기나 배의 진행 경로를 설정하고 수정할 때는 방위나 북극성처럼 변하지 않는 '기준점'이 필요합니다. 인생길도 마찬가지입니다. 지금 이 자리에 서기까지 우리가 '기준점'으로 삼고, 그에 맞춰 궤도를 수정해 온 것들이 있습니다. 여러분의 인생 기준점은 무엇인지 나눠 보십시오.

하나님을 바라보며 궤도를 수정하는 일상 연습

하늘이 무너지고 바다가 뒤집히는 위기라고 느껴지는 순간에 하나님을 바라보며 인생 궤도를 수정하려면, 먼저 여러분이 기준점으로 삼아야 할 변하지 않는 하나님의 뜻을 찾아 정리해 봐야 합니다. 예를 들어, '하나님은 모든 사람이 구원받기 원하신다', '하나님은 그분의 백성이 거룩하기 원하신다', '나를 향한 하나님의 계획이 있다' 등입니다.

그리고 정리한 내용을 기준점으로 삼을 때, 지금 여러분의 삶에서 궤도를 수정해야 할 부분이 어디인지 종이에 적고 서로 나눠 보십시오.

지금 그대로 따라가세요.
괜스레 아래를 내려다볼 필요는 없어요.

자신을 있는 그대로
인정하는 연습 [57]

Q. 평소에 생각해 보지 않았거나 미처 몰랐던 자신의 모습을 발견한 적이 있었다면, 서로 나눠 보십시오.

마태복음 26장 31-35절과 69-75절을 읽으십시오. 베드로는 가방끈 짧은 시골 어부였지만, 자신감과 자부심이 넘치는 사람이었습니다. 늘 앞장서서 행동했고, 예수님을 따라 어디든지 가겠다고 호언장담했습니다. 하지만 결국 그는 사람들 앞에서 예수님을 세 번이나 부인하고 맙니다. 이것이 바로 늘 멋지고 용감한 사람으로 보이고 싶어 안달하던 베드로의 진짜 모습이었습니다.

또한 요한복음 21장 1-19를 읽어 보십시오. 베드로는 다시 일자무식 시골 어부로 돌아갑니다. 자기가 주님이 말씀하신 바를 감당할 그릇이 아님을 깨달은 것입니다. 이제 그는 있는 그대로의 모습으로 자신을 보게 되었습니다.

Q. 여러분은 '자신을 있는 그대로 인정'하는 것이 어떤 것이라고 생각하십니까?

있는 그대로의 나를 만나는 것은 유쾌한 일이기도 하고 부담스러운 일이기도

하며 짜증 나는 일일 수도 있습니다. 장점은 장점대로, 아쉬운 부분은 아쉬운 부분대로 인정하고 받아들이는 것이기 때문입니다. 이것이 바로 성경적인 겸손입니다. 가진 것은 '있다'고 하고, 갖지 못한 것은 '없다'고 말하는 것입니다. 가진 것을 없다 하지 않고, 갖지 못한 것을 있다 하지 않는 것입니다.

Q. 여러분이 평소에 생각하고 있던 겸손은 어떤 것입니까? 여러분은 비하나 멸시가 아닌, 인정의 눈으로 자신을 있는 그대로 바라볼 수 있습니까?

수치심을 버리고 진정한 자기 모습을 겸손히 인정할 때 실패와 좌절을 딛고 다시 시작할 수 있습니다. 비열한 배신자 베드로가 초대교회의 기둥으로 다시 세워진 것도 이것 덕분이었습니다.

Q. 갖고 있지 않은데 갖고 있는 척할 수밖에 없고, 그렇지 않은데 그런 척할 수밖에 없는 부분이 여러분에게 있지는 않습니까? 만약 그렇다면, 왜 그럴 수밖에 없다고 (혹은 왜 그래야 한다고) 생각하십니까?

자신을 있는 그대로 인정하는 일상 연습

모든 것이 무너지는 순간에도 자신을 있는 그대로 인정하고 싶다면, 여러분이 숨기고 있는 자신의 모습(긍정적인 것이든 부정적인 것이든)을 종이에 적은 뒤 소리 내어 읽어 보십시오. 그리고 지금 이 모습으로 창조해 주신 하나님께 감사의 고백을 올려 드리십시오. 또한 자기 자신에게 '나는 _____한 사람이어서 좋다'라고 고백해 보십시오.

삶 가운데 미처 몰랐던 자신의 모습을 발견할 때마다 하나님과 자기 자신에게 동일하게 고백하십시오.

거품이 날아가면 진짜 내가 드러납니다.
동시에 그때부터 '진짜 나'가 찾아옵니다.

위기는 진짜 나를 찾는 계기가 됩니다.

미래를 밝은색으로
칠하는 연습 [58]

Q. 미래를 그림에 비유한다면, 여러분은 미래를 어떤 색으로 칠하는 편입니까? 그 이유는 무엇입니까?

민수기 13장 17절에서 14장 4절을 읽어 보십시오. 가나안의 문턱에서 파견했던 정탐꾼 12명의 보고가 결론에서 양극단으로 갈렸습니다. 12명 중 여호수아와 갈렙은 싸워 이길 수 있다며 승리의 미래를 그렸고, 나머지 10명은 패배의 미래를 그렸습니다.

Q. 요즘은 여기저기에서 긍정의 힘을 노래합니다. 위기가 찾아와도 미래를 낙관적으로 바라보면 이겨 낼 수 있다고 말합니다. 상황과 조건만 보고 미래를 그리지 말라고 합니다. 결국은 바라는 대로 될 거라는 신념과 확신이 중요하다는 말입니다. 여러분은 어떻게 생각하십니까?

10명의 정탐꾼은 자신들이 본 현실로 미래를 그렸습니다. 감당할 수 없는 현실이라고 여겼기에 그들의 미래는 어두운 색의 그림이 되었습니다. 긍정의 눈으로 볼 때 절대 사용하면 안 되는 '현실'이라는 물감을 사용한 것입니다.

그래서 이스라엘 백성은 현실 대신 자신들의 믿음으로 미래를 그립니다. 하지만 확신과 신념으로 그린 그들의 미래 역시 어둡기 짝이 없었습니다. 10명의 정탐꾼과 마찬가지로 광야에서 헤매다 죽고 말았기 때문입니다. 그토록 강력한 자기 확신을 가졌는데 왜 이런 비극적인 결과가 나온 것일까요?

문제는 이스라엘 백성이 가진 믿음의 내용이었습니다. 그들은 '애굽으로 돌아가는 것이 유일한 살 길'이라고 확신한 것입니다. 아무리 강력한 믿음이라도 '할 수 없고, 망할 것이고, 희망이 없음'을 믿는 거라면 어떻게 되겠습니까? 미래는 믿음으로 그려서도 안 됩니다. 믿음을 가장한 자기 확신만큼 맹목적이고 파괴적인 것도 없기 때문입니다.

Q. 여러분은 믿음과 자기 확신의 차이를 구분할 수 있습니까? 삶 가운데 자기 확신과 믿음을 혼동한 경험이 있었다면 나눠 보십시오.

그렇다면 여호수아와 갈렙은 무엇으로 미래를 그린 걸까요? 그들도 믿음을 사용한 것이 아닙니까? 여호수아와 갈렙은 현실이나 믿음이 아니라 '사명'으로 미래를 그렸습니다. 가나안 땅에 들어가는 것은 전적으로 하나님의 명령이자 이스라엘에게 주어진 사명입니다. 그래서 두 사람은 가나안에 들어가 그 땅을 차지할 수 있다고 선포한 것입니다.

Q. 여러분에게는 인생의 위기 앞에서도 미래를 밝게 칠할 수 있는 사명이 있습니까? 만약 아직

사명을 발견하지 못했다면 지금 여러분이 긍정적인 미래를 그릴 수 있는 근거는 무엇입니까?

미래를 밝은색으로 칠하는 일상 연습

어떤 상황에서든 미래를 밝은색으로 칠하고 싶다면, 하나님이 여러분에게 주신 사명이 무엇인지 찾아야 합니다. 꼭 인생 전체에 대한 것이 아니어도 좋습니다. 지금 이 시간 여러분을 향한 하나님의 뜻이 무엇인지 묻고 찾으십시오.

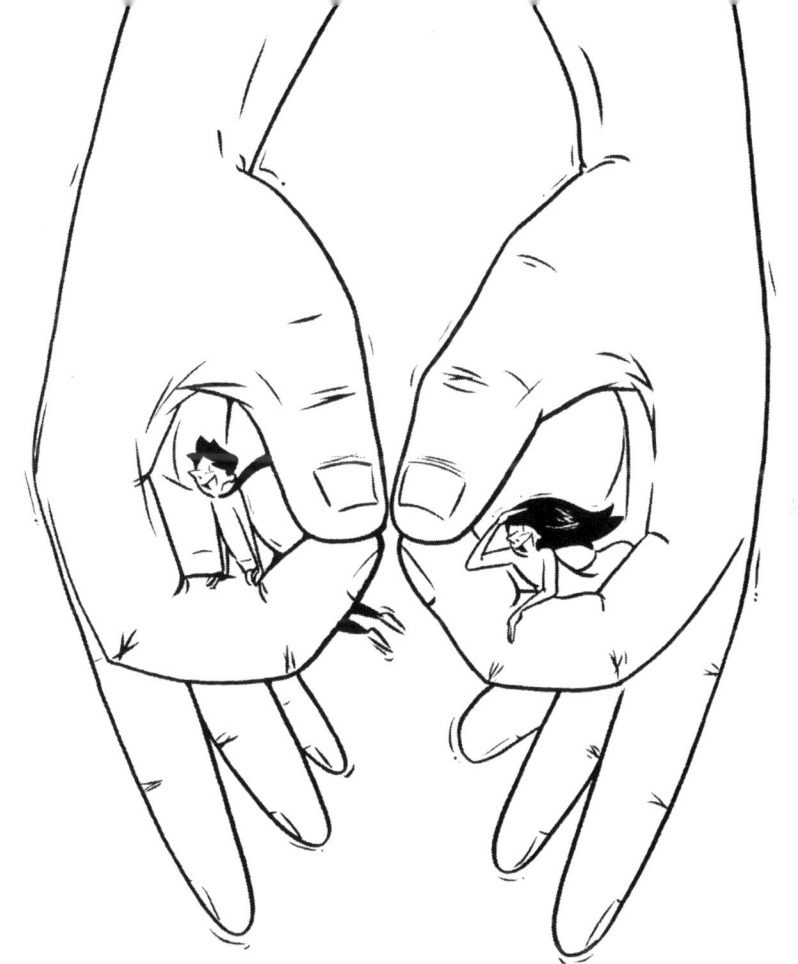

하나님의 관점으로 보게 되면
소망으로 가득 찰 수밖에 없습니다.
하나님이 소망 그 자체이시기 때문입니다.

다른 이들과
함께 변화하는 연습 [59]

에스더 4장을 읽어 보십시오. 에스더는 페르시아에서 성장한 유대인 처녀입니다. 어렸을 때 부모님이 돌아가셨기 때문에 에스더는 사촌인 모르드개의 집에서 살았습니다. 그러던 어느 날 페르시아의 왕 아하수에로가 왕후를 구하게 되는데, 에스더가 왕후로 뽑히게 됩니다.

그런데 페르시아 제국의 이인자였던 하만이라는 신하가 유대인들을 권력의 라이벌로 여겨, 민족 자체를 말살하려는 무서운 학살 음모를 꾸밉니다. 이 사실을 알아낸 에스더의 사촌오빠 모르드개는 에스더에게 도움을 요청합니다. 그의 남편인 왕에게 진실을 알리고 동족을 구해 달라는 것이었습니다. 하지만 그 당시 법은 왕이 부르지 않았는데 먼저 찾아갈 경우 죽임을 당하게 되어 있었습니다. 그래서 에스더는 '죽으면 죽으리라'는 유명한 말을 남기고서, 동족 유대인들의 합심 기도를 힘입어 왕 앞에 섭니다.

Q. 여러분은 개인을 넘어 공동체 차원의 문제를 해결하기 위해 다른 사람들과 힘을 모아 본 적이 있습니까?

지금은 눈앞의 실리 때문에 이합집산을 반복하는 네트워킹(networking)보다 가치관과 공동의 관심사를 바탕으로 마음과 마음이 통하며 상호 공평한 유익을 주고받는 네트월딩(networlding)이 주목받는 시대입니다. 네트월딩이란 연줄과 인맥을 만들기 위한 로비가 아니라 공통의 가치와 목표를 바탕으로 '너와 나의 세계를 하나로 엮는' 새로운 관계를 말합니다. 이런 관계야말로 자신과 주변 사람들뿐 아니라 공동체와 사회 전체에 유익을 끼치고 긍정적인 변화의 기회를 창출할 수 있습니다.

민족의 어려움 앞에서 에스더와 모르드개가 선택한 행동도 여기에 해당됩니다. 정의롭지 못한 권력에 맞서 죽음을 불사한 에스더의 결단과 그를 혼자 내버려 두지 않고 함께한 이들의 중보기도로 유대인들은 구원을 받았습니다. 그리고 잘못된 권세를 무너뜨리고 이방의 땅에 하나님의 공의를 세웠습니다.

Q. 여러분은 여러분이 속한 공동체와 사회, 나라가 하나님의 원리와 원칙을 따라 정의롭고 공정하며 거룩해지는 것에 관심이 있습니까? 관심이 있다면 그것이 구체적으로 어떻게 표현되고 있습니까? 관심이 없다면 그 이유는 무엇입니까?

그동안 한국교회는 성도들이 나라와 사회와 공동체의 문제를 전부 개인의 차원으로 축소시켜 생각하도록 길러 왔습니다. 체제나 조직, 제도가 갖고 있는 문제는 간과하고, 개인의 영성과 믿음과 노력과 순종으로 모든 것을 덮어 버린 것입니다. 그래서 우리는 사회 부조리나 공동체의 모순 때문에 벌어지는 역경이

나 시련조차 개인의 노력으로 극복할 수 있고 성장의 발판이 된다는 식으로 자연스레 해석하게 되었습니다. 하지만 모든 문제의 원인이 개인에게 있고 각자가 해결해야 한다는 것은 위험할뿐더러 성경적이지 않은 발상입니다. 그렇게 되면 공동체와 사회가 머리를 맞대고 고심하며 해결해 가야 할 일까지 개인의 탓으로 몰아가게 되어 있습니다.

지금 우리가 살아가는 한국 사회의 모습이 그렇지 않습니까? 우리는 자신이 갖고 있는 모든 것을 발산하며 치열하게 살아야 한다는 '무한경쟁'과 피곤하고 지친 마음을 쉬게 하라는 '힐링' 사이를 오락가락하며 살고 있습니다. 무한경쟁을 외치는 이들은 개인이 역경과 시련을 스스로 이겨 내야 한다고 몰아붙입니다. 힐링을 외치는 이들 역시 개인의 쉼과 회복에 문제 해결의 열쇠가 있다고 말합니다. 이 두 주장 어디에도 에스더와 모르드개, 유대 백성처럼 함께 머리와 가슴을 맞대고 구조적 모순과 공동체의 한계를 해결해 보자는 생각과 의지가 없습니다.

시스템의 문제는 시스템을 바꿔야 해결할 수 있습니다. 구성원을 닦달한다고 해결되는 것이 아닙니다.

Q. 여러분은 개인적인 관점에서 뿐만 아니라 공동체와 사회적인 차원에서 자신의 문제를 바라볼 수 있습니까? 여러분은 '나만 바뀌면, 나만 잘 하면, 내가 노력하면 모든 것이 잘 될 거야'라는 환상에 빠져 있지는 않습니까?

다른 이들과 함께 변화하는 일상 연습

개인을 넘어 공동체와 사회적 차원에서 인생의 위기를 바라보고 이겨 내고 싶다면, 여러분과 비슷한 문제를 안고 있는 다른 사람들과 지속적으로 만나 대화하는 시간을 가지십시오. 그 문제에 대한 자신의 책임과 의무를 엄격하고 냉정하게 따져야 하지만, 제도와 구조의 문제에 대해서도 함께 목소리를 내고 문제를 개선하기 위한 구체적인 행동을 실천하는 것이 중요합니다. 혼자 있을 때는 '작은 나'이지만, 여럿이 모이면 사회와 세상을 변화시킬 수 있는 힘 있는 울림이 될 수 있습니다.

주파수가 맞아떨어지는 순간,
위기는 '추억'이 되어 버립니다.

늘 하나님 앞에
머무는 연습 [60]

사람의 진면목은 위기 때 나타난다고들 말합니다. 모든 것이 잘 돌아가고 아무런 문제가 없는 평상시에는 누구나 좋은 모습을 보이지만, 힘들고 어려운 일이 닥치면 본심과 내면이 적나라하게 드러나기 때문입니다. 몸과 마음과 환경과 상황, 모든 것이 흔들리는 시간이기에, 위기 앞에서 무엇인가를 꾸준히 성실하게 한다는 것은 굉장히 어렵습니다. 신앙생활도 마찬가지입니다.

Q. 여러분은 인생의 위기 때문에 하나님과 멀어지거나 믿음을 잃고 신앙생활을 게을리한 경험이 있습니까?

창세기 39장을 읽어 보십시오. 성경의 수많은 인물 가운데서 위기와 가장 친근한(?) 사람을 꼽으라면 단연 요셉을 들게 됩니다. 우리가 잘 아는 것처럼 요셉은 갈수록 나아지는 것이 아니라 살수록 어렵고 힘든 처지에 빠졌습니다. 그는 우리가 결코 닮고 싶지 않고 부러워할 수 없는 인생을 살았습니다.

하지만 희한하게도 성경은 그가 어디에 있든지 형통한 삶을 살았다고 기록하고 있습니다. 이 형통함이란 요셉 자신이 잘 먹고 잘 살며 부귀영화를 누리게 되는 것이 아니라, 그를 통해 하나님의 일하심이 드러나고 그로 말미암아 그가 속한 곳이 흥하게 된다는 의미입니다. 즉, 하나님의 복을 흘려보내는 축복의 통로가 된다는 말입니다. 또한 이는 하나님이 믿음의 조상 아브라함에게 주신 약속이기도 합니다(창 12:1-3).

이는 요셉이 위기와 고난 속에서도 끈질기게 하나님 앞에 머물렀기 때문에 가능한 일이었습니다. 그것을 어떻게 알 수 있습니까? 보디발의 아내가 유혹할 때 요셉이 한 고백에서 그 답을 찾을 수 있습니다. "하나님이 여기 계신데 제가 어떻게 그분 앞에서 죄를 저지를 수 있겠습니까?"(창 39:9) 이렇듯 그는 유혹받는 상황에서조차 하나님의 임재를 의식하며 살았습니다.

Q. 하나님이 언제 어디서나 여러분과 동행한다는 사실을 전심으로 믿으며 기뻐할 수 있습니까? 하나님이 '글자 그대로' 여러분의 일거수일투족에 함께하심을 믿고 기뻐할 수 있습니까?

하나님은 인생의 위기 속에서도 변함없이 그분 앞에 머무는 사람에게 무엇을 어떻게 해야 할지 깨닫는 지혜를 주십니다. 고통과 절망을 이겨낼 힘과 위로를 공급해 주십니다.

'갑'의 입장인 보디발의 아내 앞에서 요셉은 그 유혹을 떨쳐내기가 어려웠을 것입니다. 하지만 그에게는 무엇을 선택해야 할지 분별할 수 있는 지혜가 있었습니다. 그리고 단호하게 유혹을 물리칠 능력도 갖고 있었습니다. 강간범의 누명을 쓰고 들어간 감옥에서도 마찬가지였습니다.

요셉은 다윗처럼 그 발의 등이요 길에 빛이 되시는 하나님을 늘 앞에 모시고 살았습니다. 그래서 실족하지 않고 그 상황과 그 순간에 무엇을 하는 것이 최선이며, 어디로 가는 것이 생명의 길인지 알 수 있었습니다. 이것이야말로 인생의 위기 앞에서도 용수철처럼 튀어 오르고 하나님과 더 높이 날아오를 수 있는 유일한 비결이 아니겠습니까?

Q. 늘 하나님 앞에 머물며 산다는 것은 무슨 의미일까요? 고대 이집트에서 노예와 죄수로 살았던 요셉에게는 묵상할 성경도, 홀로 하나님 앞에 나아가 기도할 만한 시간과 공간도 없었습니다. 그의 주변에는 온갖 미신과 우상숭배자들로 북적였습니다. 그런 상황에서 하나님 앞에 머문다는 것은 무엇을 말하는 것일까요?

늘 하나님 앞에 머무는 일상 연습

늘 하나님 앞에 머무는 삶을 살고 싶다면, 무엇보다 하나님 앞에 나아가는 시간에 대한 우선순위를 명확하게 세워야 합니다. 예배와 묵상, 기도, 소그룹 만남 등 하나님께 나아가고 그분의 말씀을 듣고 생각하고 나누는 모든 시간과 자리를 소중하게 여겨야 합니다.

그리고 삶의 모든 순간(주일날 교회에서뿐만이 아니라)에 하나님을 나와 동행하는 '실재'로 인정하는 연습을 해야 합니다. 일상의 일들 속에서 하나님께 말을 걸고 귀 기울여 그분이 대답하시기를 기다려 보십시오. 그분을 손귀하게 여기며 인정하는 사람을 존귀하게 여기고 인정하시는 하나님이 여러분에게 응답하시고, 점점 더 하나님을 실재로 가까이 느끼고 경험하도록 이끄실 것입니다.

관계의 거절감이 주는 고통을 뛰어넘는 사람은
세상이 감당치 못할 사람입니다.

그는 '하나님의 마음에 합한 사람'이기 때문입니다.